Introducción

Camino a los cincuenta años y con aproximadamente un 50 % de mi vida consumida (hago ese cálculo basándome en el hecho de que mis ancestros son longevos), hay dos preguntas que siempre han estado en mi cabeza durante los veinticinco años de experiencia profesional que tengo:

- ¿Por qué las organizaciones, independientemente de su naturaleza (privadas, públicas, asociaciones, ONG, etc.), tienen tantas disfunciones?
- ¿Por qué muchas personas consideran el trabajo como una fuente de problemas y su vida laboral se caracteriza por la frustración, el conflicto, la apatía y/o el *burnout*?

Lo bueno de plantearte preguntas un tanto abstractas, amplias y complejas, es que te entretienes mucho pensando en ellas porque carecen de respuestas evidentes y concretas. Y después de todos estos años, en los que he tenido la fortuna de asumir roles muy diferentes en organizaciones de primer nivel, de fundar mi propia compañía, de acceder a programas de formación y a expertos de prestigio internacional, sigo sin tener respuestas concretas y cerradas. Lo que sí he conseguido es llegar a una comprensión amplia y sistémica de los retos y problemas de una organización, así como elaborar hipótesis sólidas sobre las causas fundamentales de la mayor parte de las disfunciones que vivimos día a día en ellas.

En la búsqueda de respuestas he tomado conciencia de la crisis institucional en la que están inmersas las organizaciones. Y hablo de crisis porque estamos fracasando en lo esencial: **cada vez más empresas e instituciones son incapaces de hacer realidad el propósito para el que fueron creadas**. Y es este despropósito generalizado el que se traduce en dinámicas organizativas que son una amenaza para nuestro planeta, nuestra sociedad y nuestra plenitud como seres humanos.

> Nunca ha sido tan importante desarrollar
> organizaciones de alto rendimiento sostenible
> que resuelvan simultáneamente las necesidades de
> «las 3 P»: planeta, personas y prosperidad financiera.

No es un problema sencillo, es un problema complejo, pero es el único que hay que resolver. Y en él se centra el propósito de este libro: inspirar y ayudar a personas motivadas por desarrollar lo que yo he denominado «Organizaciones Inteligentes», y que defino como aquellas que **logran de manera sistemática los objetivos que derivan de su propósito mediante el desarrollo de un ecosistema humano de alto rendimiento sostenible, en el que las personas que lo integran contribuyen con su cien por cien y en ello encuentran significado y realización**.

Puedes pensar que este es uno más de todos esos libros de empresa que están tan de moda, y puede que tengas razón. Déjame que comparta contigo algunas pistas de lo que tienes delante y así puedas decidir si te sumerges en él o pasas a otro.

Empezaré por decirte lo que no es este libro. No es una tesis doctoral ni un libro académico, aunque tiene el rigor suficiente puesto que su contenido está basado en datos y experiencias reales, para que sea veraz y útil para ti, lector. Tampoco es una fábula empresarial que te lees en un viaje de dos horas sin darte cuenta, aunque utiliza un lenguaje claro y ameno que hace que resulte fácil y agra-

Susana Gómez Foronda es una experta reconocida a nivel internacional en cultura corporativa, liderazgo y talento. Su sólida y dilatada experiencia de más de veinte años como empresaria, directiva, consejera y consultora en multinacionales de gran prestigio como PwC, Avon Cosmetics y Kellogg's la posicionan como un referente en capital humano, transformación de organizaciones y desarrollo de equipos y líderes de alto rendimiento sostenible.

Ha situado a las compañías para las que ha trabajado como modelos de referencia en gestión de organizaciones y personas y ha obtenido relevantes reconocimientos, tales como: Top GPTW, Ruban D'Honneur (European Business Awards), Premios Expansión y Empleo, Premio Observatorio Comunicación Interna IE Business School, Premio Empresa Flexible (Ministerio de Trabajo y Comunidad de Madrid) y Premio Capital Humano.

Es cofundadora y socia directora de Smart Culture, labor que compatibiliza con el asesoramiento como consejera y experta independiente a consejos de administración de diferentes empresas e instituciones. Asimismo, es *coach* ejecutiva sénior certificada por ICF (PCC), especializada en empresarios, altos ejecutivos, consejos de administración y comités de dirección.

Se licenció en Ciencias Económicas y Empresariales y obtuvo un máster en Dirección de Recursos Humanos por el Instituto de Empresa; también es máster en Liderazgo Co-Activo por CTI y en el Programa Ejecutivo de Singularity University. Ostenta, además, un certificado por IESE como consejera independiente.

Vicepresidenta de la Junta Directiva de Asociación CentRHo (AEDIPE), ejerce también de profesora asociada del IE Business School y de The Valley Digital Business School.

Es autora de publicaciones sobre gestión del capital humano, cultura corporativa y liderazgo, a las que puedes acceder a través de su página web:

www.susanagomezforonda.com

📷 *Organizaciones_Inteligentes*

Es conferenciante profesional y forma parte del catálogo de ponentes de Cursiva. Aquí puedes consultar sus conferencias y disponibilidad:

www.cursiva.com/conferencias

Organizaciones
Inteligentes

SUSANA GÓMEZ FORONDA

Organizaciones
Inteligentes

Empresas, equipos y líderes
de alto rendimiento sostenible
para un mundo en transformación

Organizaciones inteligentes
Empresas, equipos y líderes de alto rendimiento sostenible para un mundo en transformación

Primera edición en España: marzo, 2021
Primera edición en México: junio, 2021

D. R. © 2021, Susana Gómez Foronda

D. R. ©2021, Penguin Random House Grupo Editorial, S. A. U.
Travessera de Gracia, 47-49, 08021, Barcelona

D. R. © 2021, derechos de edición mundiales en lengua castellana:
Penguin Random House Grupo Editorial, S. A. de C. V.
Blvd. Miguel de Cervantes Saavedra núm. 301, 1er piso,
colonia Granada, alcaldía Miguel Hidalgo, C. P. 11520,
Ciudad de México

penguinlibros.com

Diseño de portada: Penguin Random House / Paola García Moreno

ISBN: 978-607-380-245-1

Índice

Prólogo

En el momento de publicarse esta obra estamos inmersos en uno de los períodos más complejos y desconcertantes que hayamos vivido: la crisis sanitaria, económica, social y política provocada por la propagación del nuevo coronavirus a escala planetaria. Da igual de dónde sea el lector, la edad que tenga o en qué industria desarrolle su actividad empresarial o profesional, todos compartimos el hecho de experimentar un momento extraordinario. Ninguno de nosotros —salvo aquellos lectores que vivieron la Segunda Guerra Mundial— recuerda haber sido testigo de una crisis global semejante a la que estamos atravesando.

Cada día tenemos más claridad sobre las consecuencias de la crisis del COVID-19, en el corto y medio plazo. Los gobiernos y organismos multilaterales se esmeran en medir el impacto de la pandemia sobre el crecimiento económico. Esta es, sin duda, una tarea imprescindible para orientar las medidas de política económica que contribuirán a paliar la pérdida de riqueza y empleo y situarnos cuanto antes en una senda de recuperación. Quizá, sin embargo, debamos empezar a prestar más atención a lo que hemos vivido a lo largo de los últimos meses como catalizador de una disrupción cuyo desenlace sea la transformación radical de muchas industrias; e, incluso, de nuestra forma de ver las cosas y de vivir.

¿El trabajo en remoto es algo coyuntural y volveremos a trabajar como antes o ha cambiado para siempre la forma de organizar el trabajo? ¿La experiencia online va a tener algún impacto en el futuro de la educación o en la sanidad? ¿Preferiremos seguir viviendo mayoritariamente en el centro de las ciudades? ¿Cómo serán nuestras casas después del confinamiento? ¿Cuál es el futuro de la distribución comercial? ¿Hay alguien que pueda ahora dudar del impacto de los coches sobre la polución del aire de las ciudades? Parafraseando a santa Teresa de Jesús, quizá solo estamos pasando una mala noche en una mala posada. Aunque es probable que estemos ante cambios más importantes y duraderos; y tal vez, como sugiere la autora de *Organizaciones Inteligentes*, afrontamos cambios muy profundos que vienen de antes y que exigen adaptar nuestros propios hábitos y los de las organizaciones.

La autora de la obra que el lector tiene en sus manos va mucho más allá de poner de manifiesto la obsolescencia y disfuncionalidad de muchas —la mayoría— de las organizaciones actuales: define cómo es una organización capaz de lograr sus objetivos de manera sostenible en un entorno cambiante, incierto, complejo y ambiguo; presenta un modelo de «organización inteligente» de forma extraordinariamente precisa, y, al final, propone una detallada metodología para acercarse a ese referente organizativo.

Las organizaciones son sistemas compuestos por personas, de ahí que la autora proponga, también, una definición de liderazgo que apela no solo a quienes tienen responsabilidades, sino a todos y cada uno de nosotros, como líderes y responsables de nuestras propias vidas. Les confieso que mientras leía el manuscrito que me envío Susana Gómez Foronda, tras anunciarme el privilegio de prologar este libro, envié a una de mis hijas el siguiente mensaje: «Liderazgo es la capacidad de una persona de transformar sus intenciones en realidad». Mariola es un buen ejemplo de ello. La búsqueda del liderazgo no es algo que solo sea pertinente en la vida profesional ni que concierna exclusivamente a los jefes o aspirantes a jefe: es un excelente ejercicio al alcance de todos nosotros que sirve para mejorar la vida de quienes nos rodean.

JUAN JOSÉ GÜEMES
VP Finance, Chairman Center for
Entrepreneurship & Innovation, IE University

dable de leer. Y lo que, bajo ningún concepto, te vas a encontrar aquí son un montón de ideas buenistas y superficiales sobre la realidad empresarial actual.

> *Organizaciones Inteligentes* es una metodología estructurada y validada que permite a empresarios, consejeros y ejecutivos crear entornos de trabajo atractivos y de alto rendimiento en los cuales se vean satisfechos los intereses de tres grupos clave de interés: sociedad, empleados y accionistas.

Ilustra la teoría con casos reales de empresas que han implantado prácticas exitosas y que son modelos de inspiración para otras tantas que deseen iniciar el camino de la transformación. Asimismo, aporta herramientas concretas que pueden servir como punto de partida para empezar a definir un proceso de transformación y/o desarrollo a nivel organizativo, de equipo o individual.

El libro aborda en un lenguaje claro y con exquisita profundidad pragmática aspectos que continúan siendo las grandes incógnitas por resolver del paradigma organizativo actual:

- ¿Qué está ocurriendo en el mundo que hace que sea tan difícil la existencia de una organización donde las cosas funcionen de manera excepcional?
- ¿Qué es el alto rendimiento sostenible?
- ¿Cómo desarrollar una organización inteligente?
- ¿Por qué es esencial desarrollar de forma proactiva la cultura, el propósito y los valores para hacer realidad la estrategia?
- ¿Dónde poner el foco si quieres desarrollar un equipo de alto rendimiento?
- ¿Cuáles son las claves para elevar tu efectividad como líder en un contexto tan retador, volátil y complejo como el actual?

Si estos temas te interesan, este libro te va a aportar claridad, ideas interesantes y vías de actuación. Está pensado para todos aquellos que, al igual que yo, cuando experimentan las disfuncionalidades de las organizaciones sienten curiosidad por entender sus causas y un convencimiento de que se puede hacer mucho mejor.

Si no son temas que te interesen, ocupa tu tiempo con otro libro que sea más relevante para ti.

Mi trayectoria como directiva, consultora, empresaria y experta independiente me ha permitido experimentar la efectividad de diferentes estrategias, modelos, herramientas, metodologías, acciones, y comprobar cómo y cuándo funcionan estos diferentes enfoques. También he aprendido qué es lo que no funciona, independientemente de que sean soluciones atractivas o de que la lógica te diga que deberían funcionar.

Esto es lo que he querido compartir en este libro: mis ideas, mi experiencia, mis herramientas y la manera que yo tengo de observar, comprender y relacionarme con ese ente que son las organizaciones.

Ahora, la decisión de leer el libro es tuya. Y tomes la decisión que tomes, acertarás.

Agradecimientos

Este libro está escrito por una sola autora, que soy yo. Sin embargo, hay muchas personas que, consciente o inconscientemente, son parte de él, porque me han inspirado, ayudado y/o animado a que continuara con este proyecto que ha estado abierto casi diez años.

Son muchas las personas, por lo que puede que me deje a alguien. Aun así, voy a asumir ese riesgo porque prefiero reconocer a muchos y olvidarme a alguno que no darle las gracias a nadie.

- Gracias a PwC, a Avon Cosmetics y a Kellogg's, porque sois las entidades gracias a las cuales he construido las bases y fundamentos sobre mi manera de observar y entender una organización.
- Gracias a Smart Culture y a mi socia María, porque configuráis un ecosistema en el que aprendo, experimento, fracaso y tengo éxito sobre muchas de las cuestiones que se tratan en este libro.
- Gracias a mis clientes, porque vuestra confianza en mí hace que siga explorando, aprendiendo y compartiendo todo lo que sé sobre organizaciones, equipos y personas.
- Gracias a Pilar Lozano, porque aunque ella piensa que podría haberlo hecho sola, yo sé que su ayuda ha sido determinante para llegar hasta aquí.
- Gracias a mi amigo Matti, por su acompañamiento y por com-

partir conmigo su experiencia, sus miedos, sus métodos y, sobre todo, por sacarme de la parálisis cada vez que el libro se estancaba.

- Gracias a Javi, porque siempre está ahí para ayudarme a pensar en grande, a salir del rol de víctima cuando las cosas no van como quiero y a desarrollar las capacidades que necesito para tener lo que quiero.
- Gracias a Nieves, Victoria, Marina y Pilar por ser y estar.
- Gracias a Jorge, por crear el espacio para que yo pudiera centrarme en escribir y hacer este sueño realidad.
- Y, por último, gracias a mis hijos, Guillermo y Daniel, porque sin saberlo ni pretenderlo son el origen de este proyecto.

1

ORGANIZACIONES INTELIGENTES PARA EL SIGLO XXI

> Si tuviera una hora para resolver un proble-
> ma, dedicaría cincuenta y cinco minutos a
> comprenderlo y cinco a resolverlo.
>
> ALBERT EINSTEIN

Los clientes demandan innovación y un tipo de relación diferente, mientras que la competencia cada vez pone el listón más
alto en términos de posicionamiento, diferenciación y eficiencia
operativa. Las personas ya no quieren trabajar para cualquiera,
quieren experiencias laborales que les proporcionen sentido, realización y un contexto laboral que sea compatible con su vida. La
sociedad espera de las organizaciones soluciones a los grandes retos vinculados con nuestro planeta y nuestra evolución como especie.

Las compañías están inmersas en procesos de transformación
basados en tecnología. La combinación de inteligencia artificial y
Machine Learning unido al internet de las cosas (IoT), el poder de la
computación, la capacidad de almacenaje de datos, la conectividad
móvil y la robótica automatizarán la mayor parte de los procesos de
una organización en los próximos años.

Por primera vez en la historia, el coste de la tecnología no es una
limitación al desarrollo. La principal barrera para conseguir organizaciones de alto rendimiento sostenible es encontrar un modelo organizativo que nos permita optimizar el poder de la tecnología para
diseñar un mundo en el que queramos vivir.

Hay dos preguntas que deben estar en la mente de consejos de administración, consejeros delegados y directivos: cómo es una organización del siglo XXI y cómo adapto una organización «tradicional» a este nuevo modelo.

La respuesta no está clara y tampoco es sencilla, pero tenemos compañías como Amazon, Netflix, Inditex, Tesla, Salesforce o L'Oréal que están avanzando de manera significativa en esta dirección.

Las organizaciones que sean capaces de integrar con inteligencia las capacidades de los seres humanos y la tecnología podrán desarrollar ventajas competitivas de orden superior basadas en la innovación, las relaciones y la eficiencia operativa.

Esto les permitirá ofrecer al mercado una propuesta de valor y una experiencia al cliente diferenciadoras y alcanzar tasas de rentabilidad sin precedentes.

Los modelos organizativos están en el punto de mira. Gobiernos, ONG, instituciones académicas, empresas privadas y públicas se encuentran inmersas en procesos de transformación que se parecen más al centrifugado de una lavadora que a otra cosa. Saben que lo que tienen no funciona, pero no saben cuál es el «modelo», y es que probablemente ya no hay un solo modelo.

En el siglo XX estaba muy claro cómo era la organización ideal. El reto era tener acceso al capital que te permitiera disponer de la tecnología. Ahora mismo, la tecnología es más barata que nunca y el sector financiero, liderado por fondos de inversión y capital riesgo, ofrece a empresas y emprendedores capital para invertir.

Los problemas organizativos cada vez limitan más la evolución de las organizaciones y nadie sabe qué hacer. Mi experiencia es que, ante esta realidad, a los líderes de las organizaciones normalmente les surgen más preguntas que respuestas: ¿cómo elimino los silos y fomento la colaboración entre departamentos?, ¿cómo creo una cultura de intraemprendimiento e innovación?, ¿cómo consigo que mis equipos trabajen de manera autónoma y proactiva?, ¿cómo puedo agilizar el desarrollo de los productos y servicios que mi cliente me demanda?, ¿cómo me convierto en una organización atractiva para trabajar?, ¿cómo consigo que mis directivos desarrollen a la próxima generación de líderes?, ¿cómo logro ser más ágil?, ¿cómo acelero la toma de decisiones?... ¿Cómo?, ¿cómo?, ¿cómo?

Detrás de todas estas preguntas, que están muy orientadas al problema en tiempo presente (es decir, a sacarme la piedra del zapato), deberíamos hacernos otras preguntas de mayor amplitud y profundidad. Preguntas en la línea de:

- ¿Dispongo de la cultura adecuada para hacer realidad mi estrategia?
- ¿Son mis niveles de liderazgo adecuados para hacer frente a los retos que tengo por delante?
- ¿Qué capacidades debo desarrollar para convertirme en una organización de alto rendimiento?
- ¿Qué palancas debería activar para desarrollar los comportamientos que necesito en mi organización?
- ¿Cómo es una organización que confronta con éxito sus retos y consigue hacerlo de manera recurrente?

Este libro se ha diseñado para dar respuesta a todas estas preguntas y aportar una manera sencilla y estructurada de observar una organización y llevarla al alto rendimiento sostenible. Pero, antes de eso, debemos comprender qué está pasando hoy y por qué los temas vinculados al desarrollo organizativo (cultura, liderazgo, equipos, etc.) se han convertido en *trending topic*, es decir, en un tema recurrente en consejos de administración, comités de dirección, medios de comunicación, congresos, escuelas de negocio, redes sociales y literatura empresarial.

¿Tenemos o no tenemos un problema en las organizaciones?

Hay varias cosas que no están funcionando del todo bien en el mundo organizativo. Para no realizar un diagnóstico apresurado y simplista, vamos a ponernos «la bata de médico» y observar los síntomas con detenimiento.

Síntoma 1: La mortalidad empresarial

A pesar de que la ciencia de la medicina ha conseguido reducir las tasas de mortalidad en seres humanos, la ciencia de las organizaciones todavía tiene pendiente esta asignatura.

Los productos, servicios y modelos de negocio son cada vez más efímeros. Muestra de ello es la reducción progresiva de la edad media de las compañías. Al mundo organizativo le cuesta desarrollar organizaciones que sobrevivan más de veinte años.

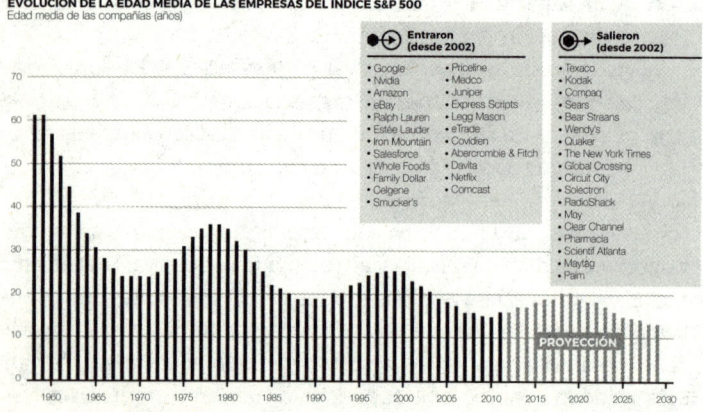

EVOLUCIÓN DE LA EDAD MEDIA DE LAS EMPRESAS DEL ÍNDICE S&P 500
Edad media de las compañías (años)

●⊕ Entraron (desde 2002)		●→ Salieron (desde 2002)
• Google	• Priceline	• Texaco
• Nvidia	• Medco	• Kodak
• Amazon	• Juniper	• Compaq
• eBay	• Express Scripts	• Sears
• Ralph Lauren	• Legg Mason	• Bear Stearns
• Estée Lauder	• eTrade	• Wendy's
• Iron Mountain	• Covidien	• Quaker
• Salesforce	• Abercrombie & Fitch	• The New York Times
• Whole Foods	• Davita	• Global Crossing
• Family Dollar	• Netflix	• Circuit City
• Celgene	• Comcast	• Solectron
• Smucker's		• RadioShack
		• May
		• Clear Channel
		• Pharmacia
		• Scientif Atlanta
		• Maytag
		• Palm

Fuente: Innosight / Richard N. Foster / S&P, <https://elpais.com/sociedad/2013/11/04/actualidad/1383595996_231144.html>.

Síntoma 2: La confianza está por los suelos

Estamos inmersos en una «crisis de confianza». Los niveles de confianza en las instituciones, en la clase política, en los medios de comunicación, en la comunidad empresarial y en el futuro son más bajos que nunca. El pesimismo nos rodea.

Según Edelman Trust Barometer (2019), solo uno de cada cinco encuestados cree que el sistema está funcionando. En países desarrollados, solo uno de cada tres cree que su familia estará mejor en cinco años. El temor a la pérdida de empleo entre la población en general sigue siendo alto, ya sea debido a la falta de capacitación y habilidades (59 %) o a la automatización e innovación (55 %). En relación con la innovación, el 54 % de los encuestados afirman que el ritmo es demasiado rápido, en contraste con solo un 20 % que afirman que es demasiado lento.

Frustrados por su incapacidad para lograr un cambio positivo a través del proceso electoral tradicional, han empezado a emerger movimientos liderados por personas corrientes que han decidido posicionarse como protagonistas de su realidad. Algunos de estos ejemplos son el movimiento de los chalecos amarillos en Francia, el movimiento #MeToo que causó la salida del presidente ejecutivo de CBS o la huelga de veinte mil empleados de Google para forzar un cambio en los estándares de comportamiento de la compañía.

Esta crisis de confianza también ha alcanzado a las redes sociales: se habían convertido en «los nuevos medios de comunicación», pero casos como Cambridge Analytics las han llevado a niveles de confianza inferiores al 50 %.

En un contexto donde la sociedad civil tiene poca confianza en las instituciones gubernamentales, políticas y sociales, muchas personas han decidido volver la vista a otro agente clave de la sociedad: «su empleador». El 65 % de los encuestados confía en «mi empleador» muy por encima de gobiernos, ONG y medios de comunicación.

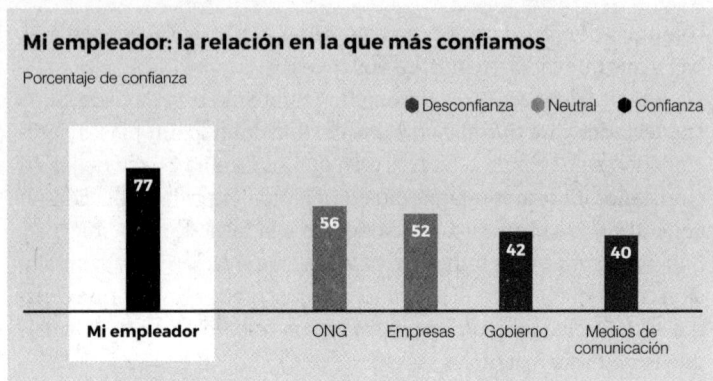

Fuente: Edelman Trust Barometer, 2019.

La expectativa que existe sobre las organizaciones como agentes de cambio vertebradores del futuro de la sociedad es más alta que nunca. Y esta es una oportunidad que el mundo empresarial y las organizaciones en general no deberían desaprovechar.

Síntoma 3: Los niveles de compromiso

A pesar de la expectativa del apartado anterior, ahora viene el jarro de agua fría: los niveles de compromiso de los empleados con las organizaciones para las que trabajan siguen siendo muy bajos.

Gallup lleva más de treinta y cinco años investigando y midiendo los niveles de compromiso (*engagement*) a nivel mundial. Según Gallup, los empleados comprometidos son aquellos que trabajan con pasión y sienten una conexión profunda con su empresa. Esta relación tiene múltiples ventajas para ambas partes. El empleado se beneficia porque realiza una actividad que le permite añadir valor y encontrar significado en lo que hace. La empresa mejora significativamente su efectividad, acelera su innovación y se desarrolla adaptándose mejor al entorno.

En este momento, solo el 15 % de los empleados a nivel mundial declaran estar comprometidos (*engaged*) con la organización para la que trabajan. Adicionalmente, hay otros datos también preocupantes:

- Un 18 % de los empleados admiten no estar comprometidos (*disengaged*), y esta declaración no es neutra ni se limita a la indiferencia. Este colectivo está resentido porque sus necesidades no se están cumpliendo y no dudan en dar a conocer este hecho al resto, perjudicando y/o limitando el desarrollo de la organización.
- Solo un 12 % de los empleados consideran que su empresa gestiona con efectividad el proceso de integración de nuevos empleados.
- Solo un 20 % de los empleados consideran que su rendimiento se gestiona de manera que los ayude a hacer un trabajo sobresaliente y extraordinario.

Observando este panorama es normal que nos sumamos en el pesimismo más absoluto y lleguemos a la rotunda conclusión de que el enfermo se nos muere porque tiene múltiples afecciones de carácter terminal.

Ahora bien, otra manera de analizar esta realidad es que hay un único problema que se manifiesta de muchas maneras: nuestros modelos organizativos están obsoletos y son ineficientes para dar respuesta a los retos que plantea la realidad actual.

No es un problema sencillo, es un problema complejo, pero es el único problema que hay que resolver. Centrémonos en él.

Hablemos un poco sobre el siglo XXI

Se han dedicado muchas horas a describir y modelizar el momento en que vivimos y coexisten múltiples versiones de la misma realidad en muchos formatos (libros, *posts*, vídeos, artículos, entrevistas, conferencias). Esto hace que sea misión imposible añadir algo significativo a todo el contenido generado, y a la vez se hace necesario describir brevemente el siglo XXI para disponer de un contexto que nos permita entender el mundo organizativo de hoy y los retos a los que se enfrenta.

El siglo XXI hace referencia a una nueva época que comenzó a finales del siglo XX y que se caracteriza por dos grandes realidades:

- El cambio es una constante.
- La velocidad del cambio aumenta exponencialmente.

Cambio y velocidad son las dos Realidades (con mayúscula) en este entorno, que el término VUCCA describe con mucha precisión: corresponde a las iniciales de Volátil, Incierto (*Uncertain*), Caótico, Complejo y Ambiguo.

El mundo ha cambiado y sigue cambiando a una velocidad de la que no somos conscientes. Alguien podría decir que esto lleva ocurriendo desde hace millones de años, pero lo cierto es que la intensidad y la velocidad del cambio que vivimos en la actualidad es un fenómeno reciente.

No quiero perderme en el análisis de las causas que han generado esta espiral, pues a ello ya se dedica mucha gente. Quiero centrarme en la exploración de esta nueva realidad. Una realidad en la que el cambio ha pasado de ser una excepción entre dos etapas de estabilidad a ser una constante.

Entonces ¿es el cambio «el Problema»? Definitivamente no: el verdadero Problema es que, por primera vez en la historia, nuestra capacidad de cambio es muy inferior a la velocidad del cambio.

Para los que prefieran las matemáticas a la literatura, sería algo así como:

VC
(Velocidad del cambio)

>

VC
(Capacidad de cambio)

Cuando se produce este desajuste, aparece un fenómeno que denominamos CRISIS, que no es ni más ni menos que un período de ajuste para aumentar la capacidad de cambio y volver a una situación de equilibrio. No hace falta ser muy listo para darse cuenta de que la única manera de igualar ambas variables es incrementar la capacidad de cambio (CC), puesto que reducir la velocidad del cambio está fuera de nuestro control.

En el clásico de Lewis Carroll *A través del espejo y lo que Alicia encontró allí*, el personaje del conejo le decía a Alicia: «[...] necesitas correr todo lo que puedas para mantenerte en el mismo sitio, para ir a otro lugar tendrás que correr por lo menos el doble de rápido...».

Pero ¿es posible correr el doble de rápido? Y, si fuese posible, ¿es sostenible? Y si fuese sostenible, ¿es la manera más eficaz y/o eficiente de aumentar la capacidad de cambio?

Desde mi perspectiva y experiencia, la respuesta es clara: NO, NO y mil veces NO.

Hay una manera más inteligente, sencilla y sostenible de aumentar la capacidad de cambio de un sistema: hacer cosas diferentes y/o hacer las cosas de manera diferente. Puede parecer una paradoja, pero **la mejor manera de aumentar la capacidad de cambio es CAMBIAR**.

Partimos de esta nueva realidad en la que el mundo aparece como un sistema complejo y cambiante, en el que los diferentes habitantes van literalmente con la lengua fuera, intentando cambiar al mismo ritmo que el mundo.

De todos los habitantes de este mundo, voy a centrarme en las empresas, que es lo que más conozco por mi formación y trayectoria profesional.

¿Qué está sucediendo en el entorno empresarial? La respuesta corta es que **el mundo cambia mucho y las empresas cambian poco**.

Si vamos a la respuesta larga y profundizamos en el tema, hay cuatro fenómenos que describen muy bien el momento actual que viven muchas organizaciones:

1. La sociedad cambia antes que las organizaciones.
2. Los modelos organizativos actuales están obsoletos.
3. El mundo del trabajo está cambiando.
4. La disrupción tecnológica es una realidad.

La sociedad cambia antes que las organizaciones

Interesante en este sentido es la reflexión de Downes y Mui en su libro *Unleashing the Killer App* (1999) a través de la denominada «ley de la fractura», donde ponen de manifiesto que «mientras que los cambios sociales, económicos y políticos siguen un patrón de crecimiento incremental, el cambio tecnológico lo hace de manera exponencial».

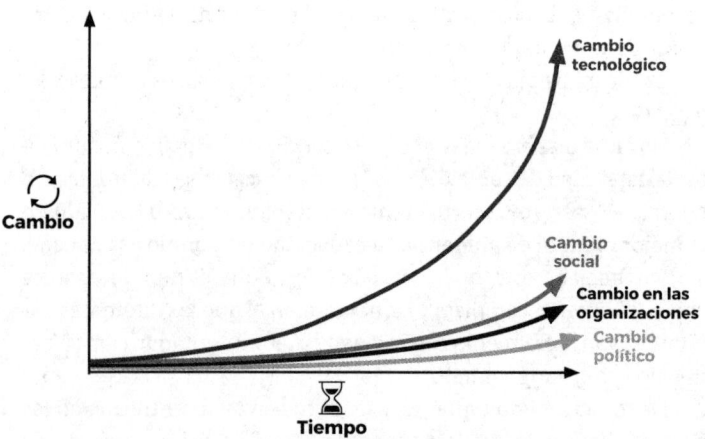

Fuente: «Ley de la fractura» de Downes y Mui
(*Unleashing the Killer App*, 1999).

La sociedad integra la tecnología antes que el mundo empresarial, generando lo que yo denomino «efecto túnel del tiempo». Con esto me refiero a la sensación de «viaje al pasado» que muchas personas experimentan cuando, cada día, pasan de su entorno social al entorno laboral, y se encuentran con estructuras, procesos, tecnologías, comportamientos y situaciones completamente anacrónicas. Resulta paradójico que mucha gente disponga de herramientas de trabajo, protocolos de relación y sistemas de gestión mucho más avanzados en su vida personal que en el mundo profesional.

Los modelos organizativos actuales están obsoletos

Hemos heredado el modelo de trabajo taylorista, diseñado para hacer frente a un entorno de mercado caracterizado por:

- Alta estabilidad, previsibilidad y pocos cambios.
- Mano de obra poco cualificada proveniente del sector primario (granjeros y agricultores) que era necesario transformar rápidamente en trabajadores eficientes del sector industrial. Para esto fue necesario diseñar puestos de trabajo muy estructurados, con rutinas sencillas y repetitivas; puestos que pudieran aprenderse fácilmente para lograr un nivel de rendimiento aceptable en poco tiempo.
- Mercado dirigido por la oferta, donde prácticamente todo lo que se produce se vende porque la demanda supera a la oferta.

En este contexto, una organización necesita tres ingredientes para tener éxito:

1. Un fundador visionario.
2. Un equipo de técnicos (ingenieros, financieros) que diseñen un modelo organizativo eficiente.
3. Un gran volumen de empleados obedientes que ejecuten los procesos diseñados a la perfección.

En resumen, una organización se limitaba a ser una serie de procesos de trabajo diseñados por una minoría de ingenieros para una mayoría de obreros de los que solo se espera que reproduzcan las tareas del puesto con el mayor rigor posible.

Para hacer frente a estos retos, a finales del siglo XVIII empieza a desarrollarse toda la ciencia del *management* o gestión. Académicos americanos y europeos comienzan a desarrollar herramientas de gestión orientadas a mejorar el rendimiento de estas organizaciones, que necesitan procesos eficientes para hacer frente a un mercado estable y previsible. Surgen herramientas como la dirección por objetivos (Peter Drucker, *The Practice of Management*, 1954) o el *Pay for Performance*, que es un modelo basado en el trabajo a destajo o *piecework*, cuyo origen se sitúa en 1549. El trabajo a destajo consistía en un modelo de empleo por el cual a un trabajador se le paga una tarifa fija por unidad producida (por ejemplo, una rueda) o acción realizada (por ejemplo, una llamada de teléfono), independientemente del tiempo empleado. Se trata de principios de gestión que siguen vigentes en la actualidad, sin que nadie se haya parado a pensar si la realidad a la que hay que hacer frente hoy tiene algo que ver con la realidad que estaba vigente cuando esas herramientas y principios fueron ideados.

El mundo del trabajo está cambiando

Estamos viviendo una transformación fundamental en nuestra manera de trabajar. Automatización e inteligencia artificial están sustituyendo a los seres humanos y cambiando las capacidades que las organizaciones necesitan de las personas que se incorporan a las mismas.

Si a esto unimos los cambios que se están produciendo a nivel social, nos encontramos con un contexto que plantea grandes retos en el ámbito de la gestión de organizaciones y talento. **La naturaleza del trabajo está cambiando, y más que va a cambiar**. Este cambio se ve afectado por múltiples realidades que se dan de manera simultánea:

- **Nueva relación empleado-empleador**. Tradicionalmente, los empleadores han ocupado la posición de poder en esta relación: decidían dónde se trabajaba, la retribución, las condiciones laborales y cómo se hacía el trabajo. Pero esta dinámica está cambiando.

- **Conectividad y deslocalización física**. Finalmente, la frase «El trabajo es una actividad y no una ubicación» se ha hecho realidad. Cada vez son más las personas que trabajan en modelos flexibles donde tienen un nivel alto de autodeterminación en relación con el espacio y el horario que eligen para trabajar.

- **Integración acelerada de la tecnología**, que redefine totalmente cómo contribuye y qué se espera de un ser humano en el contexto laboral. Si la mayor parte de las tareas físicas y rutinarias son automatizadas, ¿cuál es el valor añadido de un ser humano?

En el estudio *The Future of Jobs Report 2020* (World Economic Forum) se analiza el impacto de estos cambios en el tipo de habilidades que serán más demandadas en 2025:

- Pensamiento analítico e innovación.
- Aprendizaje continuo.
- Solución de problemas complejos.
- Pensamiento crítico.
- Creatividad, originalidad e iniciativa.
- Liderazgo e influencia social.
- Utilización de la tecnología: control y monitoreo.
- Diseño y programación de tecnología.
- Resiliencia, tolerancia al estrés y flexibilidad.
- Razonamiento, resolución de problemas e ideación.
- Inteligencia emocional.
- Experiencia de usuario.
- Orientación al servicio.
- Análisis y evaluación de sistemas.
- Persuasión y negociación.

También podemos observar como van ganando relevancia todas las habilidades vinculadas a la tecnología, autogestión, resolución de problemas y relaciones humanas.

La organización del siglo xx se caracterizaba por estar integrada por **empleados productivos** cuyo trabajo estaba predeterminado y cuya contribución se podía medir utilizando criterios objetivos de productividad. Esto permitía definir estándares de rendimiento y comparar al empleado con ellos para determinar si su contribución a la compañía era alta, media o baja.

Por el contrario, la organización del siglo xxi integra una gran mayoría de **empleados de valor añadido,** cuyo trabajo es más difícil de definir, ya que se describe en términos del valor añadido que esperas que generen para la organización, y que se caracterizan por:

- Tienen una alta orientación al propósito y al largo plazo.
- Necesitan claridad en lo que la organización requiere de ellos a largo, medio y corto plazo; y solicitan *feedback* constante.
- Realizan un uso efectivo de la tecnología.
- Construyen relaciones en red dentro y fuera de la organización.

Los denominados «trabajadores del conocimiento» del siglo xxi requieren un modelo de relación diferente al que se diseñó para los «trabajadores productivos» porque su contribución es distinta, y las empresas deben dar respuesta a esta realidad si quieren atraer y retener el talento que necesitan para hacer realidad su estrategia.

Futuros

Aceleradores emergentes y futuros

Aceleradores de la innovación

Base científica y tecnológica

Internet
Redes sociales
Redes móviles
Nube
Big Data – analítica
Impresión en 3D
Energía renovable
Internet de las cosas
Sistemas cognitivos
Nanotecnología
Robótica
Blockchain
Genómica
Drones

Red inteligente
Coche conectado
Casas inteligentes
Inteligencia artificial estrecha
Ciudades inteligentes
Atención sanitaria conectada
Educación de la siguiente generación
Economía colaborativa (de acceso)
Automatización de todo
Ciberguerra
Vehículos autónomos
Aumento de la esperanza de vida sana
Internet de la energía
Economía maker
Dinero 2.0
Economía circular
Inteligencia artificial general
Institución 2.0
Transporte 2.0
Internet de la logística
Economía empoderante
Descentralización de todo
Alimentos 2.0
Trabajo 2.0
Democracia 2.0
Convergencia humano-máquina
Humano 2.0
Superinteligencia artificial
Reversión de la extinción
Aumento radical de la esperanza de vida

Cambio climático
Desigualdad mundial
Fuga de cerebros inversa
Generación Z
Aumento de la demanda energética
Clase media emergente
Abundancia
Diferencias generacionales
Envejecimiento de la población
Urbanización
Desempleo tecnológico
Mayor esperanza de vida
Cinco generaciones de fertilidad
Descenso de las tasas de fertilidad
Mayor necesidad de atención a la tercera edad
Discapacidad
Escasez de recursos
Cambios en las opiniones sobre la propiedad al acceso
De la propiedad al acceso
Emergencia de la multitud
Emergencia de trabajadores autónomos
Cambios en la noción de trabajo
Focalización en los objetivos por parte de los millenials
Disminución de la población activa
Poder para el individuo
Aumento de la población
Pobreza
Enfermedades

La disrupción tecnológica es una realidad

Se acabaron los tiempos en los que había que ver las películas de *Star Trek* para imaginar el futuro. La realidad supera a la ficción sin duda alguna. Probablemente, cuando este libro se haya publicado, la mayor parte de las referencias que aparecen en el gráfico de la página anterior no parecerán tan innovadoras, aunque seguramente los nanorrobots o la ciberguerra sean más reales de lo que pensamos.

La tecnología es, sin duda alguna, el gran acelerador de la transformación que está teniendo lugar en el mundo organizativo. Impacta en él desde cuatro perspectivas:

1. **Innovación organizativa.** Para que las empresas compitan de manera efectiva en el siglo XXI no es suficiente con adoptar la tecnología. Desarrollar todo el potencial que nos puede brindar la tecnología a través de la inteligencia artificial o el internet de las cosas requerirá una transformación radical vinculada a nuestra manera de ser, estar y hacer en las compañías.

2. **Reinvención y aceleración del aprendizaje.** El aprendizaje continuo es la clave para asegurar que una organización pueda adaptarse constantemente a una realidad cambiante y aprovechar nuevas oportunidades. Esta habilidad será cada vez más importante en un entorno incierto y que cambia rápidamente. En este contexto la tecnología es un gran aliado porque permite acelerar los procesos de aprendizaje.

3. **Integración efectiva de seres humanos y máquinas.** Las máquinas han sido componentes cruciales de las empresas durante siglos, pero en la era de la inteligencia artificial es probable que se expandan con rapidez a lo que tradicionalmente se ha considerado «trabajo de oficina». En lugar de, simplemente, ejecutar procesos diseñados y dirigidos por humanos, las máquinas podrán aprender y adaptarse y, por lo tanto, tendrán un papel más amplio en las organizaciones futuras. Los humanos seguiremos siendo indispensables, pero nuestras res-

ponsabilidades serán bastante diferentes cuando se complementen o sean sustituidas por máquinas inteligentes que toman decisiones y ejecutan actividades basándose en sofisticados algoritmos.

4. **Ecosistemas de negocios.** Las organizaciones tienden a expandirse más allá de sus fronteras corporativas. Las empresas actúan cada vez más en ecosistemas multiempresariales que incorporan una amplia variedad de jugadores. Claros ejemplos de esto son Amazon, Alibaba o Airbnb. Los ecosistemas amplían enormemente el potencial de desarrollo de un negocio: proporcionan acceso a datos, permiten una experimentación rápida y se conectan con redes más grandes de proveedores de clientes. Aprovechar este potencial requiere volver a dibujar los límites de la empresa y redefinir las relaciones con todos los grupos de interés.

En resumen

Hemos analizado los cuatro fenómenos que están determinando la realidad de las organizaciones en el siglo XXI: desajuste existente entre sociedad y empresas, obsolescencia de los modelos organizativos actuales, transformación del trabajo y disrupción tecnológica.

Observar estas cuatro realidades implica una reflexión profunda sobre el modo en el que tradicionalmente hemos abordado la organización del trabajo y la gestión del capital humano.

Esto, que resulta muy sencillo de definir y de entender, es tremendamente difícil de llevar a cabo. En mi opinión, es uno de los grandes retos de las organizaciones en el siglo XXI: **cambiar la manera de trabajar.**

¿Por qué necesitamos cambiar la manera en la que trabajamos? Porque es ineficiente, insostenible y limita significativamente nuestra capacidad para hacer frente a los retos que nos plantea el entorno.

El futuro de las organizaciones: la organización del siglo XXI

Con todo lo anterior se hace evidente que lo mismo que nos funcionó en el contexto del siglo XX es imposible que funcione en el siglo XXI. El mundo ha cambiado, la sociedad ha cambiado, la naturaleza del trabajo ha cambiado, la relación entre la organización y sus grupos de interés (clientes, empleados, proveedores, accionistas, sociedad...) ha cambiado y las empresas tienen que cambiar.

La mayor parte de las organizaciones que conocemos fueron diseñadas para tener éxito en el siglo XX, caracterizado por su estabilidad, y tienen dificultades en el siglo XXI, caracterizado por la incertidumbre.

Las organizaciones que tendrán éxito en este siglo serán muy diferentes a las que lo tuvieron en el pasado. Según nos adentramos en la década de 2020, veremos organizaciones completamente adaptadas a los requerimientos del siglo XXI: usarán capacidades diferentes, operarán a diversas velocidades, su escala de influencia será mayor, sus estructuras organizativas serán flexibles, con modelos de responsabilidades distintas, y necesariamente lo que entendemos como liderazgo cambiará para permitir todo lo anterior.

Hay una serie de tendencias globales que el mundo corporativo no puede seguir ignorando o infradimensionando:

- El cambio y la complejidad como una constante.
- Inefectividad de los modelos actuales de gestión, y en particular dentro del ámbito de la gestión de personas.
- La naturaleza del trabajo está mutando.
- La experiencia del cliente como eje fundamental de la propuesta de valor de un producto y/o servicio.
- La experiencia del empleado como factor determinante de la experiencia del cliente.

Charles Darwin decía que las especies que sobreviven son las que tienen la capacidad de adaptarse a su entorno. Puede que no siempre sea necesaria una transformación radical (tengamos presente que, para muchas organizaciones, es la única solución viable), pero cuando menos un «tuneo significativo» va a ser necesario si una organización desea navegar con éxito en estos tiempos que corren.

La futurología está de moda y me gustaría compartir contigo mi visión sobre el escenario futuro del mundo organizativo. Existe una tendencia a pensar que solo un arquetipo de organización tendrá éxito en el siglo XXI. Mi punto de vista se aleja mucho de esto: creo que la diversidad de modelos organizativos se mantendrá en el futuro y coexistirán diferentes tipos de modelos que pueden constituirse como una base sólida sobre la cual construir una organización de alto rendimiento sostenible.

¿Qué caracteriza a una organización adaptada al siglo XXI?

Algunas personas piensan que existe un modelo de «organización perfecta», un ideal al que toda organización debería aspirar. Y si consiguen implantar ese modelo organizativo que tiene esta estructura organizativa determinada, y ese modelo de liderazgo, y ese listado de valores y esa cultura específica... tendrán mucho éxito y pocos problemas.

Es cierto que hay características de una organización que son ideales en el siglo XXI, como el hecho de que los empleados estén alineados con la estrategia de la organización. Sin embargo, estos atributos no garantizan por sí mismos que una organización sea de alto rendimiento.

Desde mi punto de vista, la organización del siglo XXI es aquella que tiene la capacidad de autodesarrollarse para crear ecosistemas de trabajo atractivos de alto rendimiento que permiten la consecución de sus objetivos de manera sostenible. Y es de aquí de donde surge la necesidad de proponer un nuevo modelo de organización y una nueva manera de trabajar: **Organizaciones Inteligentes** (OI).

	Organización del siglo xx	Organización del siglo xxi
Estabilidad	Foco en la visión. Planificación estratégica a 1, 3 y 5 años. La ejecución y la escala hacen la diferencia	Foco en el propósito. Planificación estratégica a 6 meses y 10 años (*zoom in-zoom out*). La innovación y la respuesta al consumidor/ cliente marcan la diferencia.
Cultura	Orientada a los valores, buscando la homogeneidad tanto en aspectos tangibles como intangibles de la cultura.	Orientada a la experiencia y al propósito compartido, buscando la creación de ecosistemas atractivos que respeten la diversidad y orientados al alto rendimiento.
Organización	Piramidal. Muy definida y rígida.	Circular. Redes interconectadas. Múltiples tipos de relación basados en proyectos e iniciativas.
Procesos	Burocracia. Lo que importa es tenerlo todo controlado.	Agilidad. Lo que importa es hacer que las cosas pasen, buscando efectividad.
Tecnología	La tecnología como facilitador de los procesos para que estos sean más efectivos.	La tecnología como aliado del ser humano para que este maximice su potencial.
Toma de decisiones	Centralizada. Delegación hacia arriba. Subjetiva en función de preferencias individuales y luchas de poder.	Descentralizada. Vinculada a las responsabilidades de cada persona. Objetiva y soportada por inteligencia artificial.

	Organización del siglo XX	Organización del siglo XXI
Liderazgo	Basado en la jerarquía y/o en modelos de referencia a los que copiar. Foco en el carisma y en las habilidades sociales.	Basado en la capacidad de transformar la realidad alineando intereses de las partes implicadas. Foco en la efectividad del liderazgo.
Equipos	Modelos radiales donde el líder está en el centro e interactúa con cada uno de los miembros del equipo.	Comunidades de colaboración con responsabilidades distribuidas.
Relaciones	Foco en el ego individual, autoprotección, opacidad y ambigüedad.	Foco en el ego colectivo, confianza, transparencia y honestidad.
Relación empleador-empleados	Control del empleado. Valor de los elementos tangibles. Relación desequilibrada a favor del empleador.	Foco en el desarrollo. Modelos de aprendizaje continuo donde el protagonista es el empleado.
Gestión del talento	Foco en la evaluación. Modelos orientados a la medición, donde el empleado es un sujeto pasivo que recibe el desarrollo que la organización considera.	Foco en el desarrollo. Modelos de aprendizaje continuo donde el protagonista es el empleado.

Estas son las características de las OI:

- **Propósito**. Una OI dispone de un propósito definido y compartido que sirve como mecanismo de alineamiento para todas las personas que la integran.
- **Humanocracia**. Una OI es una organización que comprende sin reservas que la única manera de hacer realidad su estrategia es a través de las personas, porque lo que hay en una organización son básicamente personas. El rediseño de la relación entre máquinas y humanos permitirá maximizar el potencial de las personas y migrar la cognición humana a nuevas actividades de nivel superior vinculadas a la creatividad y a las relaciones.
- **Biónica**. Una OI es capaz de integrar de manera ética y efectiva a personas y tecnología. Puede fusionar las capacidades de los seres humanos y las máquinas para desarrollar ventajas competitivas de orden superior. Esto le permite generar una propuesta de valor y experiencia de cliente diferencial y relevante, relaciones de alto valor añadido, niveles de eficiencia operacional sin precedentes y de tasas de innovación crecientes.
- **Pensamiento sistémico**. Una OI tiene desarrollado el pensamiento sistémico y se concibe a sí misma como un sistema de elementos interdependientes que interactúan de manera continua entre ellos y con otros sistemas, de modo que cualquier cambio en un elemento afecta directa e indirectamente al resto.
- **Efectividad del liderazgo**. Una OI está integrada por personas cuya efectividad del liderazgo es elevada, es decir, que tienen la capacidad de liderar de manera efectiva en su ámbito de responsabilidad (cada uno a su nivel) y conseguir de forma sistemática los objetivos que se proponen, aprendiendo de sus errores y capitalizando sus éxitos.
- **Equipos de alto rendimiento sostenible**. Una OI dispone de una infraestructura de equipos que producen de manera sostenida (continuada, sin «pelotazos») los resultados para los

cuales se crearon, para lo cual son capaces de integrar productividad y relaciones de alto valor añadido.

- **Experiencia de empleado**. Una OI es capaz de crear una «experiencia de empleado WOW» donde la mayor parte de las personas que la conforman encuentran un alineamiento entre su propósito personal y el de la organización, y se sienten orgullosos de pertenecer a ese sistema y reconocidos por su contribución a este.

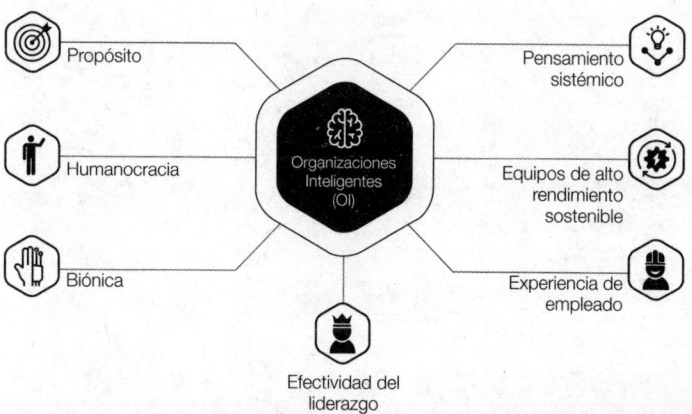

2

ALTO RENDIMIENTO SOSTENIBLE: INTEGRAR LO «APARENTEMENTE OPUESTO»

> La prueba de una inteligencia de primer nivel es la capacidad de mantener dos ideas opuestas en la mente simultáneamente.
>
> F. SCOTT FITZGERALD

Una nueva perspectiva: el alto rendimiento sostenible

Se habla mucho sobre alto rendimiento, especialmente en el ámbito deportivo, académico y organizativo: centros de alto rendimiento, equipos de alto rendimiento, estudiantes de alto rendimiento, organizaciones de alto rendimiento, etc. Pero ¿en qué consiste exactamente?

El término «alto rendimiento» proviene del mundo deportivo y está vinculado a la idea de **optimizar el aprovechamiento** de los recursos corporales y técnicos de un deportista o de un equipo. Aquellos que maximizan el uso de los recursos disponibles, a la vez que adquieren nuevas capacidades, son candidatos a alcanzar un nivel competitivo de orden superior que los diferencia del resto y les otorga una ventaja competitiva que eleva sus posibilidades de alcanzar los objetivos que se proponen.

El alto rendimiento implica una serie de circunstancias que deben darse de manera simultánea: **existencia de un objetivo, maximización de recursos disponibles y aprendizaje continuo.**

Una organización inteligente es una organización
de alto rendimiento sostenible, es decir, es capaz de mantener

un estado de alto rendimiento de manera ordinaria (sostenible) y no como un hecho extraordinario.

Son muchas las organizaciones que tienen un buen trimestre o un buen año, pero ¿cuántas conoces que logren un estado sostenido de crecimiento rentable en el que consigan de manera sistemática aquello que se proponen?

¿Por qué es importante focalizarse en el alto rendimiento sostenible?

Básicamente, porque todas las organizaciones existen para conseguir aquello para lo cual fueron creadas. Si una organización se creó para mejorar la movilidad de las ciudades, debe mejorarla. Si se creó para acabar con el hambre en el mundo, debe acabar con el hambre en el mundo. Si se creó para educar profesionales del futuro, debe desarrollar profesionales que se desenvuelvan con facilidad en el futuro. Si lo consigues, estás teniendo éxito como organización y, si no, estás fracasando.

Ser una organización de alto rendimiento sostenible es importante, porque permite que una organización haga realidad el propósito para el que fue creada. Y siento ser muy radical en este punto, pero uno de los principales y frecuentes problemas en el mundo corporativo actual es la incapacidad que tenemos de mirar la realidad de frente y sin complejos. Nos encantan las excusas y los eufemismos, hablamos de los retos de la sociedad actual, la digitalización, los cambios en las tendencias del consumidor, el tipo de cambio, la inflación, los analistas de Wall Street, y suma y sigue. Millones de buenas razones para explicar por qué la organización que dirijo o de la que formo parte no está teniendo éxito, o, dicho de otra manera, por qué mi organización no está a la altura de la razón de su existencia.

Solo cuando confrontas la dura realidad con honestidad puedes hacer algo para mantenerla (si te gusta lo que ves) o modificarla (si no te gusta).

Y es que el alto rendimiento sostenible es como estar embarazada: o lo estás o no lo estás. Jamás he conocido a ninguna mujer «medio embarazada» y jamás he conocido a una organización que sea de «medio alto rendimiento sostenible». O lo estás o no lo estás; o lo eres o no lo eres.

No pasa nada por no ser en este momento una organización de alto rendimiento sostenible. Lo importante es reconocer dónde estás y poner en marcha mecanismos para conseguir serlo y honrar la naturaleza de la organización de la que formas parte.

La esencia del alto rendimiento sostenible: integrar lo aparentemente opuesto

Otra de las realidades con las que nos encontramos a la hora de abordar el tema del alto rendimiento sostenible es que se ha convertido en una especie de Santo Grial. Aunque muchos lo buscan, existe cierto escepticismo sobre la posibilidad real de incorporar esta manera de ser, estar y hacer en una organización.

Una de las razones que promueve este escepticismo es que vinculamos el alto rendimiento sostenible a un estado en el que tienen que «alinearse los astros», es decir, tienen que ocurrir diferentes cosas que, en sí mismas, son complejas a la vez. Me refiero a este tipo de cuestiones:

- ¿Debemos adoptar un enfoque de largo o de corto plazo?
- ¿Nos focalizamos en innovación o en efectividad?
- ¿Espacios abiertos o despachos?
- ¿Centralización o descentralización?
- ¿Global o local?
- ¿Volumen o margen?
- Etc.

¿Te suenan? Lo cierto es que podríamos continuar enumerando muchas más de estas tensiones. El problema es que la mayoría de las organizaciones abordan este tipo de situaciones desde un enfoque de análisis simplista (a veces, incluso pagando cientos de miles de euros a consultoras de estrategia y organización de reconocido prestigio), orientado a determinar la respuesta mejor o más correcta. Este es un planteamiento muy propio del siglo xx, que busca la certeza propia de entornos sencillos y estables.

Con demasiada frecuencia, tratamos conflictos (como los enumerados anteriormente) como problemas que hay que resolver, cuando en realidad son polaridades.

Un problema es algo que puede tener una respuesta correcta, o una que es mejor que el resto. Si estamos decidiendo una ubicación para una oficina, estamos ante un problema que hay que resolver. Para ello realizamos un análisis riguroso que considere las variables críticas, analizamos ventajas e inconvenientes de cada opción y tomamos una decisión. Problema resuelto.

Este es un enfoque válido, si realmente hay que tomar una decisión. Pero si me aproximo con una mentalidad de resolución de problemas a situaciones que, de hecho, no necesitan o no pueden resolverse, generamos frustración organizativa: ¿deberíamos centrarnos en nuestra visión o en cumplir el presupuesto de este año? La realidad: debemos centrarnos en ambas cosas. Esa es la verdadera respuesta. Lo que ocurre es que eso implica algo así como «dejar las cosas abiertas, sin resolver». Estás ante una **polaridad**: dilemas que están en curso, que no se pueden resolver y que contienen ideas en apariencia opuestas.

Los problemas nos dan dos posiciones directamente opuestas y en conflicto. Promueven un enfoque de «o/pero». Un problema precisa ser resuelto, requiere una decisión.
Las polaridades nos dan dos posiciones que son complementarias e interdependientes. Promueven un enfoque de «y/además». Una polaridad necesita ser estable y equilibrada.

Piensa en la respiración. Cuando respiramos no podemos elegir entre inhalar o exhalar. Debes equilibrar ambos movimientos: necesitas oxígeno, inhalas; se produce una saturación de dióxido de carbono, exhalas; se produce una falta de oxígeno, inhalas... y así sucesivamente. Este es el ciclo de la respiración, en el que dos extremos opuestos (inhalar y exhalar) son necesarios para la supervivencia del organismo. No eliges, no tomas una decisión, no resuelves un problema, estabilizas dos extremos que son interdependientes.

Una OI o de alto rendimiento sostenible es aquella que aborda dos tensiones que, de manera natural, emergen en una organización como polaridades que deben ser exploradas e integradas:

- Corto plazo versus largo plazo.
- Sistema versus individuo.

Para abordar la gestión de las citadas polaridades, nos inspiraremos en el trabajo del doctor Barry Johnson, autor de *Polarity Management* (1992), que ha desarrollado una metodología completa con la que acometer la gestión de las polaridades o dicotomías a las que líderes y organizaciones se enfrentan de manera constante.

La tensión entre el propósito y la ejecución

La base de este conflicto se sitúa en la dificultad que tenemos para estar al mismo tiempo en el largo y en el corto plazo. Las organizaciones de alto rendimiento sostenible son aquellas que resuelven con efectividad este dilema que hemos decidido denominar: «La tensión entre el propósito y la ejecución».

En el diagrama de la página siguiente presentamos el mapa de la polaridad propósito-ejecución, donde se describen los beneficios de equilibrar ambas polaridades y algunas acciones clave para sostener ambas necesidades organizativas. Asimismo, detallamos los riesgos de sesgarse excesivamente hacia una de las dos, así como las señales de que esto puede estar sucediendo.

ORGANIZACIONES INTELIGENTES
(alto rendimiento sostenible)

Acciones clave:
- Actualización en tendencias sociales, tecnológicas, económicas.
- Ejercitar Visión Estratégica con foco en la innovación.
- Implantación 12-18 meses.
- Revisitar Propósito y Visión periódicamente.
- Gestión proactiva de activos y tesorería.

Señales de alarma:
- Incumplimiento de objetivos y/o *deadlines*.
- Falta de excelencia en la ejecución.
- Tensiones de tesorería.

Beneficios de orientarse al propósito:
- Compromiso con la estrategia.
- Altos niveles de compromiso por la conexión de las personas con el propósito (sentido) y significado.
- Alineamiento de las personas con el impacto que pueden tener en la sociedad.
- Agilidad organizativa derivada de la disposición de un criterio estable para la toma de decisiones.
- Detección de oportunidades estratégicas y anticipación de riesgos.

Beneficios de orientarse a la ejecución:
- Implantación rigurosa de las acciones identificadas como críticas para hacer realidad la estrategia.
- Compromiso con la ejecución excelente.
- Agilidad en la resolución de problemas.
- Aprovechamiento de oportunidades tácticas.
- Claridad de roles, responsabilidades, acciones e indicadores.
- Consecución de resultados a corto.
- Tensión productiva.
- Capacidad de reacción ante imprevistos.

Acciones clave:
- Seguimiento semanal de indicadores clave.
- Planificación mensual & trimestral.
- Clarificación de roles y responsabilidades.
- Programas de compensación y reconocimiento vinculados a ejecución excelente.
- Foco en la gestión presupuestaria.
- Manejo del circulante.

Señales de alarma:
- Fuga de talento.
- Bajos niveles de compromiso y altos niveles de desgaste profesional.
- Rendimiento aleatorio.
- Ausencia de visión a largo plazo.

⊕ PROPÓSITO COMPARTIDO

⚙ EJECUCIÓN EMPODERADA

Riesgos de sobreorientarse al propósito:
- Ausencia de foco en los problemas y oportunidades del día a día.
- Riesgo de pérdida de excelencia en la ejecución por falta de foco en la implantación.
- Ausencia de resultados en el presente.
- Incapacidad de reacción ante imprevistos y problemas emergentes.
- El futuro está en riesgo por la ausencia de presente.
- Falta de liquidez.

Riesgos de sobreorientarse a la ejecución:
- Organización en modo «bombero».
- Falta de compromiso de los empleados por ausencia de sentido y significado.
- Desgaste organizativo derivado de la falta de propósito a largo plazo: ¿para qué trabajamos?
- Ausencia de claridad sobre la dirección de la organización.
- Dificultad para tomar decisiones por ausencia de criterios estratégicos.

ORGANIZACIÓN DISFUNCIONAL
(bajo rendimiento y/o rendimiento aleatorio)

La gran pregunta para saber si estás en el punto de equilibrio es: ¿dispones de una estrategia que balancea la ejecución a corto plazo con la exploración a largo plazo?

Mi experiencia es que es difícil mantenerse en este equilibrio, aunque a la vez es un imperativo del siglo XXI. En la *Encuesta anual a inversores* realizada por BCG en 2018, estos expresaban claramente su preferencia por compañías que, estando focalizadas en el futuro, generan resultados en el presente.

Una organización de alto rendimiento sostenible mantiene la presión para lograr resultados por encima de la media, en muchos casos, a través de acciones tácticas a corto plazo. Simultáneamente, debe reinventar el modelo de negocio, mejorar su propuesta de valor e invertir en iniciativas a largo plazo. Una OI puede hacer ambas cosas.

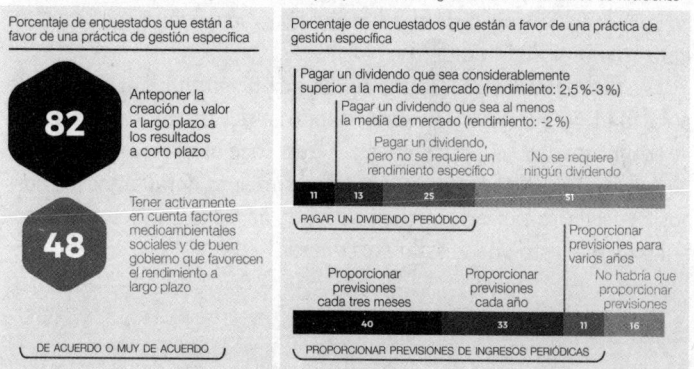

Fuente: encuesta de BCG a 260 inversores, octubre de 2018.

La tensión entre el sistema y la persona

La base de este conflicto se sitúa en la dificultad que tenemos para atender al mismo tiempo las necesidades del sistema (colectivismo) y de la persona (individualismo).

Es muy frecuente que, cuando una organización empieza a profesionalizarse, tienda a diseñar procesos, políticas, soluciones, sistemas para la organización. Buscamos aquello que es bueno para el «sistema humano» y diluimos a la persona. Queremos que esa maquinaria denominada «organización» funcione, y corremos el riesgo de olvidarnos que está integrada por personas. El bien común se impone a las necesidades individuales.

Otras veces nos encontramos con organizaciones que tienen una alta orientación a la persona, esta es la protagonista. Sin embargo, nada está estandarizado, hay problemas de equidad interna y resulta difícil gestionar con efectividad la organización, lo que se traduce en disfunciones e ineficiencias que ponen en riesgo la supervivencia y la capacidad de respuesta de la organización. La atención se centra en las necesidades y deseos del individuo, y las respuestas se personalizan individualmente.

En el diagrama de la página siguiente presentamos el mapa de la polaridad organización-persona, donde se describen los beneficios de equilibrar ambas polaridades y algunas acciones clave para sostener ambas necesidades organizativas. Asimismo, detallamos los riesgos de sesgarse excesivamente hacia una de las dos, así como las señales de que esto puede estar sucediendo.

ORGANIZACIONES INTELIGENTES
(alto rendimiento sostenible)

Acciones clave:
- Programas de desarrollo de equipos de alto rendimiento.
- Mentorización y *coaching*.
- Recompensar de manera formal la contribución de las personas al desarrollo de relaciones sanas.
- Eventos corporativos que promuevan las relaciones.

Señales de alarma:
- Bajos niveles de rendimiento.
- Ausencia de rotación voluntaria e involuntaria.
- "Personigramas".
- Procesos ineficientes.

Beneficios de orientarse a la persona:
- Colaboración entre personas y departamentos.
- Altos niveles de compromiso y de compromiso con el equipo y con el propósito de la compañía.
- Intraemprendimiento y proactividad para liderar iniciativas dentro de la organización

Beneficios de orientarse a la organización:
- Visión global de la organización, de su modelo de negocio y de su modelo operativo.
- Altos niveles de efectividad derivados de la optimización de recursos y sistematización de procesos y actividades.
- Claridad respecto a qué debe hacerse y quién debe hacerlo

 SISTEMA

 PERSONA

Riesgos de sobreorientarse a la persona:
- Inefectividad derivada de procesos y sistemas poco robustos, políticas difusas, etc.
- Falta de equidad interna derivado a que no existen unas reglas del juego claras y comunes a todos.
- Baja efectividad por prestar escasa atención a la productividad.
- Pérdida de autenticidad, ausencia de conversaciones críticas derivada del miedo al conflicto.
- No se toman decisiones difíciles vinculadas a personas

Riesgos de sobreorientarse a la organización:
- Las personas se sienten como un mero recurso, lo que deriva en falta de vinculación emocional al proyecto.
- Niveles bajos de compromiso y altos niveles de rotación.
- Las personas que se incorporan buscan el "efecto trampolín", no un proyecto a largo plazo.
- Despersonalización: excesivo foco en la tarea y poca atención a la persona.
- Ausencia de proactividad, autoliderazgo e iniciativas "fuera del sistema".

Acciones clave:
- Definir modelos operativos que permitan abordar de manera global los procesos estratégicos.
- Utilizar la tecnología para personalizar la experiencia de empleado.
- Desarrollar la visión y el pensamiento sistémico.

Señales de alarma:
- Ausencia de colaboración entre personas y/o departamentos.
- Cultura de silos.
- Falta de interés en actividades de team-building, o eventos sociales corporativos.
- Niveles bajos de compromiso.
- Rotación alta.

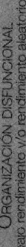

ORGANIZACIÓN DISFUNCIONAL
(bajo rendimiento y/o rendimiento aleatorio)

Los cuatro ejes del alto rendimiento

De acuerdo con el Modelo de OI, para lograr el alto rendimiento sostenible es necesario activar cuatro factores necesarios e interdependientes en una organización:

- **Propósito compartido** (sabemos adónde vamos): hemos definido el impacto que queremos tener en el mundo y dónde queremos estar en un futuro concreto. La organización tiene un propósito y una visión definida que ha sido desplegada para alinear al equipo humano en esa dirección.
- **Ejecución empoderada** (somos efectivos en nuestra manera de operar): desarrollamos nuestro trabajo con excelencia y altos niveles de productividad para movernos en la dirección que hemos definido. La organización dispone de mecanismos para asegurar el foco de las personas en la ejecución excelente.
- **Sistema** (disponemos del modelo operativo adecuado): tenemos un modelo organizativo y operativo que nos permite hacer realidad nuestro propósito y nuestra visión, así como adaptarnos con agilidad y efectividad a las necesidades del mercado y de los clientes.
- **Persona** (nuestros empleados hacen que todo esto ocurra): nuestros empleados están alineados y comprometidos con la organización y son los protagonistas de todo lo que ocurre en ella. Disponemos de equipos de alto rendimiento sostenible motivados y capaces de superarse cada día.

3

El Modelo de Organizaciones Inteligentes para el alto rendimiento sostenible

> En una organización, de manera natural solo surge caos, confusión y conflicto.
>
> PETER DRUCKER

Tal como se ha expuesto en el capítulo 1, convivimos en una realidad de **complejidad exponencial** y hay un gran debate abierto sobre las características que debe poseer una organización para tener éxito en este contexto. En virtud de la investigación que he realizado sobre el trabajo de pensadores y expertos de ámbito internacional y de mi experiencia profesional como directiva y consultora especializada en el entorno de organización y personas, he desarrollado un proyecto que se basa en el siguiente concepto: Modelo de Organizaciones Inteligentes (OI).

Ahondemos ahora un poco más en la noción de OI.

Empecemos por la palabra «inteligencia». El diccionario de la Real Academia Española la define como «capacidad de entender o comprender», «capacidad de resolver problemas», «habilidad, destreza y experiencia». Si aplicamos esto al contexto organizativo, podríamos definir una OI como «aquella que es capaz de resolver de manera efectiva los retos que su realidad le plantea».

Si dotamos de cierta sofisticación al término, podemos definir una OI como «aquella que **logra de manera sistemática los objetivos que derivan de su propósito mediante el desarrollo de un ecosistema humano de alto rendimiento sostenible, donde las personas que lo integran contribuyen con su cien por cien y en ello encuentran significado y realización**».

¿Para qué un Modelo de OI?

El propósito del Modelo de OI es inspirar y ayudar a organizaciones, equipos y personas a desarrollar organizaciones que respondan de una manera efectiva a los retos no resueltos del mundo empresarial actual y que logren el alto rendimiento sostenible en varios sentidos:

- Sostenible en el tiempo, es decir, organizaciones que logren los resultados que se proponen de forma continuada y ordinaria, y no de forma extraordinaria y aleatoria.
- Sostenible para la sociedad, esto es, organizaciones que tengan un impacto positivo en el mundo, proporcionando niveles de plenitud mayores a todos los grupos de interés implicados.

El Modelo de OI consigue esto por tres motivos fundamentales:

1. Permite comprender la realidad de una organización de una manera completa y estructurada.
2. Permite realizar un diagnóstico del momento actual de una organización, sin olvidar ni su pasado ni su contexto.
3. Permite diseñar planes de acción que establezcan prioridades de actuación y que satisfacen necesidades encontradas.

Fundamentos del Modelo de OI

El modelo se basa en cuatro principios que explicitan una manera concreta de entender una organización.

Principio 1: Toda organización tiene un propósito y existe para producir resultados

Las organizaciones existen para producir resultados. Este es el objetivo que impulsa todo aspecto de la vida de una organización desde el momento de su constitución, e incluso mucho antes, desde su creación. Los resultados deseados pueden ser beneficios o rentabilidad, en el caso de empresas privadas, o resultados vinculados a indicadores de carácter social, en el caso de una ONG. Pero siempre hay un resultado esperado, esa es la medida de su éxito, y es lo que nos permite determinar si una organización ha cumplido o no su cometido.

Además de existir para producir resultados, todas las organizaciones tienen un propósito. **El propósito explicita la razón de la existencia de una organización**, responde a dos preguntas esenciales:

- ¿Para qué existe esta organización?
- ¿Por qué es importante lo que hacemos aquí?

Ante estas preguntas, muchas personas van a la respuesta fácil: para ganar dinero. Ingresos, beneficios, salarios son el resultado de lo que hacemos, pero no explican por qué lo hacemos. Es evidente que uno de los objetivos de una organización con ánimo de lucro es ganar dinero, pero podemos ganar dinero de muchas maneras, y la realidad es que cada organización elige una forma muy particular de hacerlo. ¿Por qué hemos elegido ganar dinero de esta manera?

El propósito está vinculado al impacto que tenemos en otros, hace referencia a cómo queremos marcar la diferencia y a la huella que queremos dejar en el mundo. El propósito es aquello que nos inspira y que hace que levantarse cada mañana tenga sentido. Dicho propósito se materializa en resultados concretos que deben medirse con indicadores de modo estructurado, y muchas veces se pone tanto el foco en esos indicadores y resultados que nos olvidamos de lo más importante: para qué lo hacemos.

Principio 2: La organización es un sistema, un organismo vivo en continuo movimiento

En una organización nadie ni nada es una isla. Una organización es un sistema complejo en el que empleados, departamentos, proveedores, clientes, accionistas, etc., están interrelacionados y se integran en una especie de tela de araña. Es un sistema de relaciones en el que la suma de las partes es mayor que cada una de ellas y, en consecuencia, la gestión eficiente de dichas relaciones se convierte en una fuente de ventaja competitiva.

Aceptar que una organización es un sistema vivo implica aceptar que los individuos tienen un impacto en la organización y que, al mismo tiempo, la organización impacta en los individuos. Esto explica a la perfección un hecho que, sin duda, habrás experimentado: no te comportas igual dependiendo de la organización en la que trabajes, básicamente porque las organizaciones moldean y modulan el comportamiento de sus integrantes... y viceversa.

Comprender una organización desde un enfoque sistémico es la base para entender el 80 % del reto que tenemos entre manos. Si adoptamos una visión sistémica podemos tomar conciencia de que una organización es en realidad un sistema, y eso implica que estamos ante un conjunto de elementos con múltiples interrelaciones entre sí. A esto hay que añadir que se trata de un sistema humano, lo cual multiplica exponencialmente la complejidad inherente a cualquier sistema. Y por si esto fuera poco, se trata de un sistema abierto, es decir, que interactúa con elementos que están fuera de él, y que se relaciona con sistemas de orden superior (un sector, la sociedad, un país, un continente, etc.), que contienen sistemas de orden inferior (departamentos, equipos, individuos...) y que están en constante interacción con otros sistemas (proveedores, clientes, reguladores, etc.).

Sintetizando: **una organización es un sistema humano abierto**, constituido por elementos interdependientes y que interactúan de manera continua, de modo que cualquier cambio en uno de ellos afecta directa e indirectamente al resto. Este hecho implica que estamos ante un sistema en el que se producen millones de interacciones de forma simultánea que alteran sin cesar el sistema en sí mismo.

Una organización es un organismo vivo en
continuo proceso de cambio; no estamos ante una
realidad estática. Es como querer jugar una partida
de ajedrez en un tablero cuyas fichas no paran de
moverse porque están jugando su propia partida.

La gestión del cambio está estrechamente ligada al sistema de
relaciones de una organización, que no siempre es explícito y trans-
parente. Cuando intentas introducir un cambio en un sistema, puede que este lo acepte o que se resista.

Principio 3: Los miembros de una organización desean añadir valor y pertenecer a una organización de alto rendimiento sostenible (OARS)

Todas las personas que conozco desean salir de su trabajo sin-
tiendo que ese día han hecho algo relevante. Una persona se siente
bien cuando añade valor, cuando marca la diferencia. Y si no estás
convencido de esto, convertirás tu organización en una plantación
algodonera de Mississippi del siglo XIX.

El ser humano tiene una necesidad innata de dirigir su propia
vida, de aprender y crear cosas nuevas y de mejorar tanto a sí mismo
como al mundo que le rodea. El problema es que, como consecuencia de los modelos organizativos tayloristas implantados en el siglo XX, muchas personas ya han perdido la esperanza y simplemente
piensan que es imposible.

Cuando yo era directora de recursos humanos de Kellogg's, me
entrevistó Canal+ a raíz de la implantación de un modelo de trabajo
flexible que se convirtió en una referencia a nivel nacional. Me pre-
guntaron cómo controlábamos el hecho de que la gente trabajase
las horas que tenía que trabajar; vamos, que no se escaqueasen. Recuerdo perfectamente mi respuesta: «Esta empresa asume que todos y cada uno de sus empleados vienen a dar lo mejor de sí mismos.
Unos días lo consiguen y otros no porque la realidad es más compli-

cada de lo que parece. Ahora bien, estoy convencida de que todos vienen con esa intención. El día que piense que uno de nuestros empleados nos engaña, la solución no es poner una máquina de fichar ni mecanismos de control, solo nos quedaría la opción de despedirle».

Daniel Pink, en su libro *La sorprendente verdad sobre qué nos motiva* (2010), realiza un análisis riguroso y revelador sobre las motivaciones humanas en el que queda bastante claro que pese a que la mayor parte de las empresas confían en mecanismos basados en motivaciones extrínsecas (bonos, compensación variable, reconocimiento...), estos se tornan contraproducentes en la mayor parte de las ocasiones. Por el contrario, cuando una persona hace algo por el simple hecho de que disfruta de ello (motivación intrínseca), sus niveles de rendimiento y su capacidad de innovación es significativamente superior. En el ámbito de la tecnología, existen claros ejemplos de esto, como son los casos de Firefox, Linnux o Wikipedia, en los que las personas invierten su tiempo en crear algo por el simple placer de hacerlo.

Asimismo, las personas no solo quieren aportar valor, ser relevantes, marcar una diferencia, sino que, además, desean pertenecer a organizaciones y equipos de alto rendimiento sostenible. ¿Quién quiere pertenecer al equipo perdedor? Nadie. Aunque tu equipo pierda (y lo dice una que es del Atlético de Madrid, luego tengo un máster en Sufrimiento Deportivo), siempre anhelas que gane y que sea el mejor.

Tus empleados quieren que tu empresa sea la mejor en lo que hace, y quieren contribuir de manera significativa a ese éxito.

Principio 4: Toda organización se sitúa en un presente y tiene un pasado

Hay que comprender la realidad de una organización en su contexto actual, que es único por mucho que existan macrotendencias que afectan de manera global a todas las organizaciones.

Hay que situar cada organización en su contexto y disponer de la información relevante sobre su sector, clientes, proveedores, macrotendencias que la afectan, regulación, etc. Solo así puedes conocer el campo de juego y desarrollar una organización que pueda jugar de forma efectiva en esas circunstancias.

Además, todas las organizaciones tienen un pasado, una historia que las condiciona, porque prácticamente todo lo que existe en el presente de una organización se debe a que funcionó o fue exitoso en el pasado. Juzgamos durísimamente la existencia de políticas, procesos, herramientas, estructuras organizativas, estilos de liderazgo y de relación. Y aunque en este momento puedan no ser los más adecuados y estén limitando el desarrollo de la organización, ten claro que, si están en el presente, es porque funcionaron en el pasado.

Para comprender a una organización en su presente, es fundamental conocer su pasado, su historia, porque el conjunto de acontecimientos críticos y experiencias que ha tenido esa empresa ha configurado su sistema de valores, creencias y hábitos, o, dicho de otro modo, su cultura. Cuando conoces la cultura de una organización y los elementos que la integran y determinan, puedes modelarla y asegurar que dispones de la cultura necesaria para hacer realidad la estrategia de tu compañía.

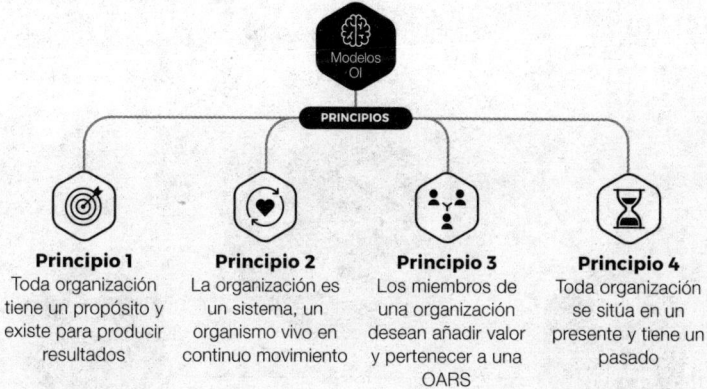

Modelos OI

PRINCIPIOS

Principio 1
Toda organización tiene un propósito y existe para producir resultados

Principio 2
La organización es un sistema, un organismo vivo en continuo movimiento

Principio 3
Los miembros de una organización desean añadir valor y pertenecer a una OARS

Principio 4
Toda organización se sitúa en un presente y tiene un pasado

Los elementos del Modelo de OI

La **Metodología Organizaciones Inteligentes (Metodología OI)** es una manera completamente diferente de abordar el desarrollo y/o la transformación de una organización para asegurar su rendimiento sostenible en el siglo XXI. El Modelo de OI se basa en un enfoque sistémico que contempla la realidad organizativa a tres niveles:

- El **marco de referencia**: las dos variables (contexto e historia) que permiten ubicar a una organización y observarla con perspectiva.
- El **núcleo**: las cinco dimensiones del alto rendimiento sostenible: confianza, transformación, efectividad, relaciones y compromiso.
- Los **motores**: las tres palancas para activar el alto rendimiento sostenible: Cultura Inteligente, Equipos Inteligentes y Liderazgo Inteligente.

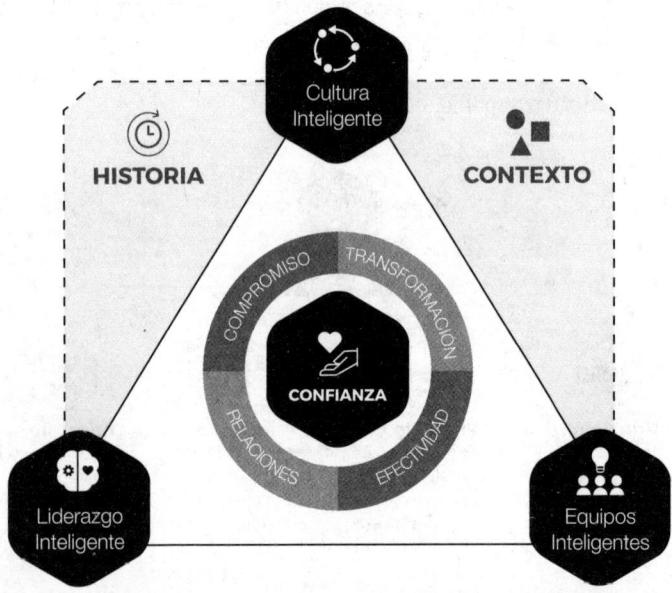

El marco de referencia: historia y contexto

Cortar y pegar no funciona. Conocer y escuchar lo que otros hacen puede servir para inspirarte, pero los grandes fracasos en desarrollo organizativo tienen su origen en la famosa *best practice*. Tradicionalmente las empresas han buscado atajos implantando procesos, políticas, estructuras organizativas, herramientas, etc. que les funcionaban a otros. Y esto es un gran error porque cada empresa es diferente, y solo aquellas soluciones que emergen como un «traje a medida» a cada caso concreto terminan dando los resultados esperados.

¿Por qué le funcionó tan bien el proceso de evaluación del desempeño a General Electric? Porque era un «traje a medida» para una organización con una historia, un contexto y una cultura determinados. Si sacas esa práctica de esa cultura, de ese contexto, de ese momento... pasa lo que ha pasado: la evaluación del desempeño se ha convertido en uno de los procesos más impopulares y con menos credibilidad de Recursos Humanos. General Electric sabía muy bien lo que hacía, por qué lo hacía y para qué lo hacía. De hecho, invirtieron mucho tiempo y dinero en diseñarlo. Y luego «los más listos» copiaron y pegaron, y claro..., no funcionó tan bien.

Antes de hacer nada en una organización, hay que entender de dónde viene y dónde está, para, a partir de ese momento, poder determinar cuál es el siguiente paso para convertirse en una organización inteligente.

La historia: ¿De dónde vengo como organización?

Nuestro presente es consecuencia de nuestro pasado, y la mayor parte de los aspectos que deseas modificar de una organización probablemente existen porque, en algún momento, tuvieron sentido o fueron la mejor de las alternativas posibles.

Explorar la historia de una organización nos ayuda a conocer su evolución, sus patrones recurrentes de comportamiento, lo que hace muy bien (sus fortalezas), los errores que comete de manera recurrente (sus debilidades), cómo reacciona ante el éxito y el fracaso, sus creencias y valores compartidos. Observar todo esto con perspectiva desde el momento actual nos ayuda a comprender y a disponer de información de partida esencial para diseñar un proceso de cambio.

El contexto: ¿Cómo es mi campo de juego?

Comprender el contexto de una organización y cómo su entorno cambia es fundamental para tener éxito. Vivir en un entorno VUCCA (recordemos: Volátil, Incierto [*Uncertain*], Caótico, Complejo y Ambiguo) requiere estar en constante contacto con esa realidad cambiante para poder identificar tendencias y factores críticos que pueden traducirse en oportunidades y amenazas para la organización.

Algunos de los elementos que hay que conocer para poder ubicar una organización en tiempo presente son:

- Factores externos: económicos, políticos, tecnológicos, sociales, etc.
- Sector: situación actual y tendencias.
- Competencia: líderes actuales y emergentes.
- Clientes y consumidores: necesidades actuales y futuras.
- Grupos de interés internos y externos: ¿cuáles son sus expectativas?

El núcleo: las cinco dimensiones del alto rendimiento sostenible

Tal como vimos en el capítulo 2, para que una organización sea de alto rendimiento sostenible, es necesario que sea capaz de man-

tener la tensión entre dos polaridades o pares de necesidades encontradas:

- Foco temporal: propósito versus ejecución.
- Foco alcance: organización versus persona.

Esto requiere el desarrollo de cinco dimensiones organizaciona-
les que deben implementarse con maestría simultáneamente: confianza, transformación, ejecución, relaciones y compromiso.

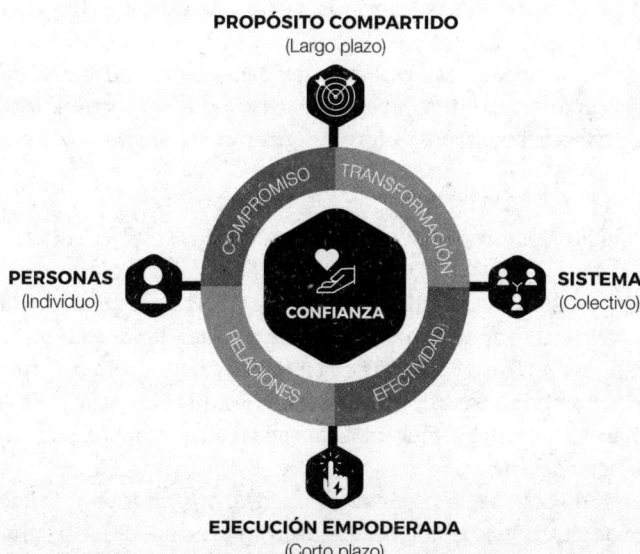

No son opcionales: las cinco dimensiones son necesarias y debemos salirnos del paradigma en que una organización hace unas cosas muy bien y otras no. Para tener éxito en el siglo XXI, hay que hacer más de una cosa bien porque es la única manera de surfear con
efectividad en un entorno de complejidad exponencial.

Profundicemos en cada una de estas cinco capacidades del alto rendimiento sostenible en el contexto del Modelo de OI.

Confianza

La confianza es la base del modelo: sin confianza, no hay posibilidad de organización inteligente ni de alto rendimiento sostenible. **Existe confianza cuando las personas comparten una sensación de seguridad que les permite asumir riesgos, innovar y salir de su zona de confort.**

Prácticamente todas las metodologías que existen sobre desarrollo de organizaciones y equipos (Tuckman's, Team Performance, Las 5 Disfunciones, TDA, etc.) incluyen de manera explícita la confianza como un atributo indispensable para que una organización pueda generar resultados de forma regular y consistente.

El impacto de la confianza . . . .

Esto no es por casualidad, sino porque las organizaciones con altos niveles de confianza son más efectivas. Paul Zak, en su última investigación (*Trust Factor: The Science of Creating High Performance Companies,* 2017), pone de manifiesto la correlación de la confianza con variables que impactan en las otras cuatro competencias del Modelo de OI.

Según Paul Zak, la fusión de un modelo organizativo y de liderazgo de alta calidad genera oxitocina en las personas de la organización, lo cual constituye el caldo de cultivo adecuado para la construcción de relaciones basadas en la confianza, que a su vez son precursoras de rendimiento, compromiso, innovación, retención y bienestar.

Los empleados que confían mucho en su empresa...

 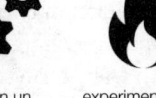  

tienen un	experimentan un	tienen un	experimentan un	reportan un
50 %	**40 %**	**106 %**	**74 %**	**29 %**
más de	menos de	más de	menos de	más de **satisfacción en la vida**
productividad	*burnout*	**energía** en el trabajo	**estrés**	
¡Eso es una mitad más de la productividad de una persona!	Enorme reducción de costos por una rotación de personal menos costosa.	¡De ahí el aumento de productividad!	Menos estrés significa mejor colaboración y más productividad.	¡No es de extrañar que sea mucho más probable que se queden!

Fuente: «La neurociencia de la confianza», de Michaell Miller. Artículo publicado por sixseconds.org (2017).

La neurociencia de la confianza ....

La gran pregunta es: ¿qué genera confianza? La respuesta, como ya hemos avanzado más arriba, es sencilla: la oxitocina. La confianza es una mezcla de pensamiento y sensación que viene determinada por una reacción química que se produce en nuestro organismo. Según los experimentos llevados a cabo por Paul Zak en la Universidad de Claremont, los niveles de oxitocina de un individuo determinan su capacidad de confiar y ser confiable. Porque una de las características que tiene la confianza es que es bidireccional: si confías en alguien, es muy probable que ese alguien confíe en ti, y viceversa.

Si aplicamos esto a nivel organizativo, normalmente encontramos que la confianza «empleado-empleador» es mutua. Las empresas que confían en sus empleados, tienen empleados que confían en ellas. Y aquí también se aplica «y viceversa».

En términos prácticos, todas aquellas medidas que implantes y que pongan en entredicho tu nivel de confianza sobre tu equipo o empleados (tales como máquinas de fichar, sistemas estrictos de reporte y control, sistemas burocráticos de autorizaciones, etc.) estarán reduciendo el nivel de confianza de tus empleados hacia a ti.

Soy consciente de que el Tribunal de Justicia de la Unión Europea (TJUE) apoya la existencia de sistemas de control horario con la finalidad de que los empresarios respeten la duración máxima del tiempo de trabajo y se eviten los abusos laborales. Desde mi punto de vista, esta medida puede tener sentido en un trabajo cuyo valor sea la presencia horaria (recepcionista o guardia de seguridad) o de mano de obra directa (cadena de producción). Ahora bien, actualmente hay miles de trabajadores del conocimiento (personas que trabajan con la mente y no con las manos), como ejecutivos, jueces, analistas, técnicos, comerciales, asesores, creativos, etc. En su caso, el valor no se vincula a unidades productivas ni a horas de presencia, sino a cuál es su contribución y su valor añadido.

Numerosos estudios demuestran que los mecanismos de control de cualquier índole (horarios, sistemas de reporte, normativas, etc.) reducen la confianza organizativa y afectan de forma negativa al bienestar y el rendimiento de los empleados.

No estoy abogando por la «ley de la selva»; ahora bien, mira hasta dónde tus mecanismos de control añaden valor o tienen un «efecto rebote», cuyas consecuencias puedan estar afectando a la confianza. Comprobar si te has excedido es muy sencillo: analiza tus índices de productividad, *engagement*, retención, innovación y bienestar organizativo. Si no te gusta lo que ves, explora qué políticas, procesos o procedimientos tienes en marcha que puedan ser percibidos (aunque no sea tu intención) como falta de confianza en tus colaboradores.

¿Cómo estamos de confianza? ....

Seguro que muchos lectores, especialmente si ocupan una posición directiva, están pensando que en su organización hay niveles cuando menos aceptables de confianza. Lamento tener malas noticias: resulta que, según la última investigación realizada por la organización no gubernamental experta en inteligencia emocional SixSeconds en su *Global Workplace Survey* (2017), los líderes tienden a sobrestimar la confianza y existe una brecha del 21 % entre su percepción y la del resto de los empleados.

Lo cierto es que en confianza no salimos muy bien en la foto, y esto explica muchos de los fracasos de la realidad organizativa actual que veíamos en el capítulo 1 (bajos niveles de *engagement*, retención, productividad y bienestar).

Sin embargo, la comunidad empresarial ha empezado a tomarse el tema en serio. Los resultados del *Edelman Trust Barometer* (2019) revelan que se ha producido un cambio de tendencia muy relevante: las personas han empezado a confiar más en aquellos ámbitos que están más próximos a su área de control y, en especial, en sus empleadores. A pesar de la falta de confianza generalizada, las relaciones «empleado-empleador» son las más sólidas en términos de confianza a nivel global, el 75 % «confía en que su empleador hará lo correcto» por encima de la confianza depositada en ONG (57 %) o medios de comunicación (47 %).

Las personas están preparadas y deseando confiar en las organizaciones para las que trabajan. Su expectativa sobre empoderamiento personal se sitúa en el 74 % y sobre oportunidades profesionales, en el 80 %.

La recompensa de satisfacer dichas expectativas merece la pena. Aquellos empleados que confían en sus organizaciones son más proclives a convertirse en embajadores de su organización (+39 %), muestran niveles superiores de *engagement* (+33 %), de lealtad (+38 %) y de compromiso (+31 %) que los de empleados escépticos acerca de la compañía para la que trabajan.

Para terminar, el 71 % considera de vital relevancia que su consejero delegado o director ejecutivo responda con efectividad en momentos críticos, y el 76 % espera que sean ellos los que tomen la iniciativa del cambio, y no que las instituciones gubernamentales las impongan.

En resumen: **invertir en confianza se traduce en alto rendimiento sostenible**, las personas tienen altas expectativas sobre sus organizaciones y líderes, y aunque no vamos por mal camino, todavía queda mucho por hacer.

Capacidades para activar la confianza . . . .

Como hemos visto, en muchos sitios se habla de confianza, pero muy pocos profundizan en este concepto de un modo que se pueda hacer «operativo», es decir, que se pueda medir de alguna manera estructurada en relación con el nivel de confianza que existe, para poder poner en marcha planes de acción concretos y efectivos.

Charles H. Green, en su libro *The Trusted Advisor* (2001), utiliza un enfoque que a mí me resulta especialmente sencillo y práctico, razón por la cual se ha tomado como referencia para el Modelo de OI. Identifica cuatro factores que determinan la confianza de una persona en otra persona, en un equipo o en una organización:

- **Competencia**, entendida como los conocimientos, habilidades y experiencia que se esperan de nosotros para desarrollar nuestro cometido con un nivel alto de rendimiento.
- **Autenticidad**: nos mostramos como somos y decimos lo que pensamos sin ambigüedad y sin ocultar información relevante.
- **Integridad**: somos confiables porque hacemos lo que decimos en el tiempo y la forma en los que nos comprometemos a hacerlo.
- **Interés mutuo**, entendido como que ponemos por encima nuestros intereses comunes a los individuales y no se tienen en cuenta exclusivamente intereses particulares cuando los miembros del equipo toman decisiones o llevan a cabo alguna acción. Valoramos nuestra relación y la cuidamos, mantenemos la confidencialidad de aquellos asuntos que lo requieren.

En posteriores capítulos profundizaremos en los aspectos de la confianza, proporcionando ideas para activarla en relación con cultura, equipos y liderazgo.

Transformación

Es la palabra de moda. Resulta muy difícil abrir la prensa económica y no encontrar una referencia a la necesidad de «transformar» las organizaciones, a la «transformación del consejo de administración», a la «transformación digital» o a una nueva «dirección de transformación» que alguna gran empresa ha tenido a bien crear para ver si se mueve algo la cosa.

Y es que nada cambia si nada cambia. Y lo cierto es que hay muchas cosas que transformar en las organizaciones si queremos asegurar su competitividad presente y futura. Veíamos en el capítulo 1 que los signos de agotamiento del modelo actual son claros, y la solución pasa por la transformación, ya que un enfoque basado en la mejora continua (pequeños cambios que poco a poco mejoran un proceso) resulta insuficiente para la dimensión del reto que requiere una transformación radical basada en un replanteamiento de viejos paradigmas.

> **Una organización dispone de la capacidad de transformarse cuando es capaz de innovar y adaptarse para tener éxito en el presente y en el futuro, en un proceso de reinvención continua.**

Me gustaría explicar el significado de la palabra «transformación», porque muchas veces, interactuando con consejos de administración y comités de dirección, observo que se da por hecho que escalar una organización implica un proceso de transformación. Esto no tiene por qué ser así, ya que una organización puede crecer y desarrollarse sin transformarse.

En el Modelo de OI, cuando hacemos referencia a la capacidad de transformación estamos pensando en organizaciones que pasen de gusano a mariposa, no a supergusano.

La tecnología es el perfecto aliado de los procesos de transformación. Ignorar el poder de la tecnología como un agente de transformación es negar la realidad. Aunque es cierto que la tecnología *per se* no cambia nada, la transformación deriva de cómo los seres humanos utilicen la tecnología para generar alto rendimiento sostenible.

Sin imaginación es imposible la transformación. La imaginación es la fuente de la que surge la innovación: para hacer realidad nuevas posibilidades, primero necesitamos inspiración (una razón para ver las cosas de manera diferente) y luego imaginación (la capacidad de identificar posibilidades que actualmente no son el caso, pero podrían serlo). Mira a tu alrededor: todo lo que ves ha sido imaginado previamente por un ser humano. La imaginación es una capacidad humana única: la inteligencia artificial de hoy solo puede tener sentido en los patrones correlativos de los datos existentes.

¿Cómo pueden las empresas desarrollar la imaginación?

- Concentrándose en anomalías, accidentes y analogías, en lugar de promedios, para generar inspiración.
- Permitiendo la difusión abierta y la competencia de ideas, por ejemplo, limitando la jerarquía y capacitando a los empleados para experimentar y hacer propuestas imaginativas.
- Convirtiéndose en una «corporación lúdica» que pueda explorar sin esfuerzo nuevas posibilidades.

Caso de éxito: Alibaba

Alibaba tiene una estructura organizativa altamente flexible y una cultura de experimentación, que se combinan para crear lo que la empresa llama «una empresa de autoajuste», que se adapta constantemente a las necesidades cambiantes de los clientes. Además, organiza un vasto ecosistema de vendedores y socios, que utiliza para influir en el mercado de comercio electrónico de China.

Capacidades necesarias para activar la transformación . . . .

Tendemos a pensar que la transformación de una organización viene determinada por su inversión en tecnología, pero lo cierto es que dicha inversión no se traduce en resultados, a menos que la organización tenga desarrolladas tres capacidades esenciales:

- **Innovación disruptiva**, entendida como la capacidad de una organización de innovar creando nuevos mercados, modelos de negocio o propuestas de valor que le supongan una ventaja competitiva derivada de una diferencia radical acerca de cómo la industria, la competencia o el mercado están haciendo las cosas.
- **Objetivos y estrategia**: determina hasta qué punto la organización ha definido sus prioridades estratégicas, las ha concretado en objetivos desafiantes que son conocidos por todos y ha desarrollado un plan estratégico para asegurar que la organización prosperará a corto y largo plazo.
- **Conciencia sistémica**, entendida como el grado en que la organización piensa y actúa desde una perspectiva global de sistema, buscando el beneficio de este a largo plazo. Para esto es necesario comprender las relaciones directas e indirectas que existen entre los elementos que conforman la organización, así como las interacciones que existen con otros grupos de interés.

Efectividad

Una organización tiene desarrollada la efectividad cuando logra sus objetivos estratégicos gracias a un modelo operativo eficaz y eficiente que asegura la ejecución excelente.

Siempre que pienso en efectividad, me viene a la memoria la frase de «el diablo se esconde en los detalles» y me recuerda que la mejor estrategia se torna inútil si no está perfectamente ejecutada. Por el contrario, una estrategia mediocre puede dar resultados si está acompañada de una ejecución excelente.

Antes de nada, me gustaría clarificar el significado de tres términos que se utilizan como sinónimos y que no lo son: *eficacia, eficiencia* y *efectividad.*

- **Eficacia**: capacidad de lograr el resultado que queremos o deseamos, independientemente de los recursos consumidos.
- **Eficiencia**: capacidad para lograr un fin empleando los mejores medios posibles. El foco está en el ratio «resultados/recursos».
- **Efectividad**: búsqueda de la integración de **eficacia** y **eficiencia** y, por lo tanto, tiene que ver con QUÉ cosas se hacen y con CÓMO se hacen.

Aunque la Real Academia Española considera «efectividad» como un sinónimo de «eficiencia», Peter Drucker aporta en su artículo «Managing for Business Effectiveness» (*Harvard Business Review*, 1963) una definición de la primera que es la que se ha integrado en el Modelo OI. Según Peter Drucker: «La confusión entre efectividad y eficiencia es lo que se sitúa entre hacer las cosas correctas y hacer las cosas de manera correcta. No hay nada más inútil que hacer con extrema eficiencia algo que bajo ningún concepto debería ser realizado».

La distinción que aporta Peter Drucker entre *eficiencia* (hacer las cosas bien) y *efectividad* (hacer las cosas correctas) es muy relevante. En la era industrial, todos los esfuerzos se centraron en mejorar la productividad, es decir, la mejora de la eficiencia. Sin embargo, en la era del conocimiento, la prioridad es la mejora de la efectividad. Tal vez sea, al menos en parte, que seguimos careciendo de las palabras necesarias para describir con rigor la nueva realidad y así poder actuar sobre ella adecuadamente. La clave para el desarrollo del trabajo del conocimiento es la efectividad porque tanto la eficiencia como la eficacia se centran únicamente en aspectos parciales de esta nueva forma de trabajo.

Una vez clarificado el concepto, me gustaría abordar lo que yo denomino los «falsos mitos de la efectividad»:

*Mito #1: Las metodologías ágiles desarrollan
organizaciones más efectivas* . . . .

Vivimos una época en la que el mundo *Agile* está de moda, vivimos rodeados de *agile coach*, *scrum masters*, *tribus*..., y me fascina observar cómo muchas compañías creen firmemente que la implantación de este tipo de metodologías, por sí misma, las va a convertir en una compañía efectiva y ágil, que opere con éxito en el siglo XXI.

Quiero empezar aclarando que no tengo nada en contra de esta ni de ninguna metodología que promueva la efectividad organizativa. Dicho esto, mi postura es que una metodología focalizada en estructuras y procesos de trabajo es insuficiente. Es cierto que son metodologías atractivas, concretas, visuales y muy útiles para lanzar determinados mensajes o alinear a determinados perfiles profesionales. Ahora bien, si lo que se quiere es desarrollar una organización con altas dosis de efectividad, deben ser complementadas con otras iniciativas que actúen en un nivel más profundo. Básicamente, porque el principal problema que tienen las «organizaciones lentas» está relacionado con las personas, y, para resolverlo, modificar procesos y estructuras es condición necesaria, pero no suficiente.

*Mito #2: La tecnología es la clave para disponer
de una organización efectiva* . . . .

Las organizaciones más inefectivas, burocráticas y lentas que conozco cuentan con grandes inversiones en tecnología.

La tecnología es un facilitador de la efectividad, pero no la garantiza. El modo en el que las personas utilizan la tecnología es lo que genera efectividad. Si perdemos esto de vista, corremos el riesgo de invertir recursos (dinero, tiempo y energía) en grandes implantaciones tecnológicas que se traducen en rigidez, burocracia y frustración por parte de los usuarios de una organización. ¿Te suena?

Mito #3: Para lograr una compañía efectiva
hay que optimizar sus procesos ....

Uno de los principales problemas a los que se enfrentan las organizaciones que han tenido éxito en el siglo xx es la burocracia. El paradigma del siglo xx se basaba en la generación de economías de escala basadas en definir procesos estándares que se ejecutaban con rigurosidad, revisarlos continuamente para mejorarlos, y repetirlos para obtener los beneficios de la consistencia. Metodologías como Kaizen, Lean o Six Sigma causaron furor al final del siglo xx por su capacidad de impactar en la cuenta de resultados de cualquier compañía, logrando optimizar sus operaciones.

El problema de este tipo de enfoques es que requieren mucha estabilidad para poder ser aplicados con resultados que compensen la inversión realizada en análisis y diseño de procesos, y que llevan implícita una rigidez poco útil en un entorno volátil e incierto como el actual. Necesitamos procesos flexibles que permitan adaptarse a una realidad cambiante, y estructuras que permitan iterar, mejorar y adaptarse con rapidez.

Capacidades para activar la efectividad ....

Podemos invertir en tecnología, implantar metodologías ágiles y disponer de programas que nos permitan optimizar nuestros procesos. Sin embargo, nada de esto generará efectividad si, como organización, no hay tres capacidades desarrolladas:

- **Foco**: la organización tiene definidos y compartidos los objetivos y resultados clave (ORC), y un sistema de seguimiento periódico que permita identificar logros y desviaciones, y ajustar los planes de acción. ¡Menos es más!

- **Toma de decisiones efectiva**: existen procesos claros y eficientes para la toma de decisiones, adecuados al ritmo que requiere el negocio. La organización no se paraliza ante la incertidumbre porque el error está permitido.

- **Aprendizaje continuo**: la organización dispone de mecanismos que aseguran que cuenta con el talento necesario para hacer frente a sus retos, pues existe un deseo compartido de crecer y desarrollarse personal y profesionalmente.

Relaciones

Independientemente de qué posición tengas o lo que hagas en una organización, interactúas con otras personas y, a través de esta interacción, se construyen relaciones. Las relaciones son la tela de araña que conecta a las personas que integran una organización, y la calidad de dichas relaciones determina la eficacia de la interacción entre todas y cada una de las partes de un sistema organizativo. En definitiva, **la calidad y eficacia de las relaciones impacta de modo significativo en el rendimiento de una organización**.

Las relaciones en una organización son como el sistema circulatorio del cuerpo humano, o el sistema de comunicaciones de un país. Si el sistema circulatorio no funciona bien, el cuerpo humano se enferma porque el oxígeno y los nutrientes no pueden llegar a los órganos vitales y los residuos del organismo no pueden ser eliminados. Si un cuerpo humano enferma, su rendimiento disminuye y su capacidad para sobrevivir se pone en riesgo. Lo mismo ocurriría en un país cuyo sistema de telecomunicaciones o de transporte por carretera tuviera deficiencias: la eficacia de cualquier transacción se vería afectada y eso redundaría en baja productividad.

Las relaciones entre seres humanos son complejas y, para que estas sean bien comprendidas y gestionadas, es necesario que una organización desarrolle a nivel colectivo una serie de capacidades que construyan inteligencia relacional organizativa. Esta permite que los miembros de una organización se relacionen entre ellos con inteligencia, para asegurar que la organización logre los resultados vinculados al propósito para lo cual se creó.

Una organización tiene desarrollada su capacidad de relaciones cuando es capaz de crear espacios de trabajo en equipo y cocreación donde existe un propósito compartido, objetivos comunes y fuerte sentido de pertenencia.

Capacidades para mejorar las relaciones . . . .

- **Corresponsabilidad**, que en el Modelo de OI se entiende desde una multiperspectiva en la que identificamos diferentes niveles:

    - Soy responsable de mi propio rendimiento.
    - Soy responsable del rendimiento de las personas que me reportan.
    - Soy responsable del rendimiento de mis compañeros.
    - Soy responsable del éxito de mi jefe.
    - Soy responsable del éxito de la organización.

- **Coordinación:** la organización dispone de un sistema operativo definido que incluye roles y responsabilidades claramente definidos y que permite que las personas actúen de un modo coordinado y sin fricción.
- **Comunicación efectiva:** los miembros de la organización tienen inteligencia interpersonal, practican la escucha activa, confrontan el conflicto y son capaces de encontrar soluciones y llegar a acuerdos que satisfacen las necesidades de los implicados.

Compromiso

Una organización tiene desarrollada su capacidad de compromiso cuando las personas disponen de energía y motivación para dar la mejor versión de sí mismas e ir más allá del mínimo establecido.

Existe cierta confusión en torno a conceptos vinculados al compromiso, como la satisfacción o la motivación, y en este sentido me gustaría realizar una serie de matizaciones para tener la seguridad de que todos entendemos lo mismo:

- **Compromiso:** vínculo que establece un empleado a nivel racional y emocional con su organización, su trabajo y sus compañeros, y que se caracteriza por una búsqueda constante del beneficio mutuo de una manera intencional y proactiva.
- **Motivación:** conjunto de estímulos que mueven a la persona a realizar determinadas acciones y persistir en ellas para su culminación. Estos estímulos pueden ser intrínsecos (emanan de la propia persona, como el aprendizaje o el logro) o extrínsecos (son externos a la persona, como las recompensas materiales o el reconocimiento).
- **Satisfacción:** sensación de plenitud vinculada al cumplimiento de expectativas o satisfacción de necesidades. La satisfacción no conlleva necesariamente una implicación a medio o largo plazo, de manera que pueden existir empleados satisfechos y con alto riesgo de rotación voluntaria.

Gallup lleva años analizando la correlación existente entre el nivel de compromiso de una organización y su impacto en diferentes indicadores que correlacionan con la salud de una organización en un sentido amplio. Los resultados demuestran de manera sistemática que aquellas empresas situadas en el cuartil superior en términos de compromiso no solo obtienen mejores resultados en términos financieros (ventas, rentabilidad, productividad), sino que, además, tienen niveles inferiores de absentismo, rotación, accidentes o defectos de calidad.

Efecto del compromiso en resultados empresariales clave
Cuando se comparan con las empresas situadas en el cuartil inferior en términos de compromiso, las del cuartil superior desarrollan mejoras en las áreas siguientes:

Área	Valor
Absentismo	-41
Rotación (organizaciones con un alto grado de rotación)	-24
Rotación (organizaciones con un bajo grado de rotación)	-59
Reducción de la compañía	-28
Incidentes en la seguridad	-70
Incidentes en la seguridad de los pacientes	-58
Calidad (defectos)	-40
Indicadores sobre clientes	10
Productividad	17
Ventas	20
Rentabilidad	21

GALLUP

Fuente: «Moneyball for Business: Employee Engagement Meta-Analysis», de Jim Harper (Gallup, mayo de 2016), basado en Gallup Q12® Meta-Analysis Report (2016).

El fracaso de los modelos de evaluación del rendimiento o de remuneración variable ....

Tradicionalmente hemos creído que el ser humano está muy condicionado por factores externos y tangibles, tales como la remuneración económica. Esto ha llevado a las organizaciones a poner en marcha sofisticados mecanismos de mejora del rendimiento organizativo basados en la siguiente premisa: «Si mejoro el rendimiento individual, mejoro el rendimiento de toda la empresa». Algunas de las estructuras más utilizadas para este fin han sido los sistemas de remuneración variable o el proceso de evaluación del rendimiento.

Cualquiera que haya trabajado en una organización sabe que el proceso de evaluación del rendimiento es probablemente el que más frustración genera a mandos intermedios, empleados y recursos humanos. Esto se debe a que requiere una inversión muy alta de tiempo y no genera esa supuesta «mejora del rendimiento organizativo» para la cual fue creado.

¿Por qué ocurre esto? Todos estos sistemas están basados en la teoría económica clásica, cuya premisa central es que los individuos siempre se comportarán de forma racional para lograr el mejor resultado posible. Y no hay que tener un doctorado en Harvard para saber que, en la mayoría de las ocasiones, esto no es así.

En los últimos treinta años, la economía del comportamiento se ha dedicado a demostrarlo gracias a las investigaciones realizadas por científicos como Daniel Kahneman, Robert Shiller, Richard Thaler, Angus Deaton o George Loewenstein. El resultado de sus estudios demuestra que la toma de decisiones y el comportamiento humano económico están determinados por factores psicológicos y por la interacción entre los procesos racionales, perceptuales y emocionales. De hecho, algunos han sugerido que la toma de decisiones económicas es hasta un 70 % emocional y un 30 % racional.

Dicho de otro modo, si el famoso modelo de dirección por objetivos de General Electric o el sistema de comisiones de Avon Cosmetics funcionó, no fue por su infraestructura, sino por el resto de las variables y condicionantes que afectaban el campo emocional de las personas a las que les era aplicado.

Daniel Pink, en su libro *La sorprendente verdad sobre qué nos motiva* (2010), demuestra empíricamente por qué todos estos modelos basados en la motivación extrínseca fracasan, y nos introduce en el triángulo mágico que contribuye a que una persona saque a relucir su mejor yo: propósito, autonomía y maestría. Parte del Modelo de OI está basado en su trabajo.

El poder de la mirada apreciativa. . . . .

La mirada apreciativa es un enfoque vinculado a la psicología positiva y cuya propuesta se basa en poner la atención en lo que hay de positivo y valioso en una persona o situación, porque desde ese lugar las posibilidades de crecimiento, de progreso y de prosperar son mayores. Se fundamenta en el estudiado efecto Pigmalión, definido como la influencia potencial de la creencia de una persona sobre otra, siendo esta determinante en el rendimiento y el comportamiento del observado (especialmente si el observador ostenta un rol de autoridad, como profesor, jefe o padre).

El famoso experimento descrito en «Pigmalión en el aula» en 1968 (R. Rosenthal y L. Jacobson *Pygmalion in the Classroom: Teacher Expectation and Pupils' Intellectual Development*) puso de manifiesto el impacto que tenía en los resultados académicos de un grupo de estudiantes el hecho de que sus padres y profesores pensaran (y, en consecuencia, los trataran) como un colectivo de altas capacidades.

La mayor parte de los modelos de desarrollo (desde el sistema educativo hasta los sistemas de evaluación del rendimiento) se basan en un axioma mecanicista: identifica lo que está mal y arréglalo. Esta aproximación puede resultar válida para relacionarse con máquinas, pero es poco efectiva cuando nos relacionamos con personas.

Son muchas las corrientes que, inspiradas por la piscología positiva, han comenzado a desarrollar modelos de gestión organizativa basados en el desarrollo de fortalezas, potenciando lo que una persona, equipo u organización ya hace muy bien. Para aquellos curiosos, podemos destacar estos modelos:

- Indagación apreciativa, de David Cooperrider.
- Liderazgo basado en fortalezas, de Tom Rath.
- *Developmental Behavioral Modelling*, de John McWhirter.

Para evidenciar la naturaleza de este tipo de enfoques, hemos utilizado el siguiente gráfico, que pretende ilustrar el resultado de invertir tiempo, energía y recursos en desarrollar aquellas competencias que son una fortaleza, frente a las que no lo son.

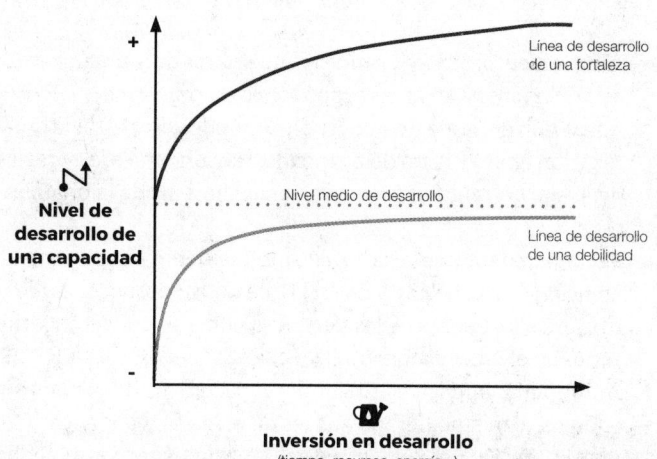

Este mal hábito que tenemos de fijar la atención en lo que falta, en lugar de focalizarnos en lo que hay, pone en evidencia las incoherencias de los modelos de gestión de talento de la mayor parte de las organizaciones: contratamos a las personas por sus fortalezas y las metemos en un sistema orientado a corregir sus debilidades, donde no paramos de hablarles de «áreas de mejora», «aspectos que hay que cambiar», etc.

Un buen sistema de gestión de talento debe considerar estrategias que pongan el foco en las fortalezas de la persona, del equipo y de la organización en su conjunto. No implica ignorar los problemas, sino poner a las personas en el lugar adecuado.

Un entrenador de baloncesto elegirá colocar a un jugador que mide 2,10 en la posición de pívot y no como base, fundamentalmente porque su talento se fundamenta en su altura. No pretende que sea rápido ni ágil, como exige en alguien que juega de base: quiere que esté bien colocado, que atrape balones y que enceste.

Capacidades para mejorar el compromiso . . . .

- **Alineamiento:** ocurre cuando los miembros de la organización están en sintonía con el propósito de la organización. Existe una visión definida y compartida de dónde desea estar la organización en un futuro determinado. Hay unos valores y reglas del juego definidos que se viven en el día a día de la organización.
- **Reconocimiento:** se basa en algo muy evidente, que es poner la atención en lo que hay y no en lo que falta. Reconocer es identificar las fortalezas de las personas, ponerlas en valor y utilizarlas en el lugar y momento adecuados.
- **Autonomía:** implica clarificar las expectativas de personas y equipos, al mismo tiempo que les das espacio y poder para tomar las decisiones que les permiten asumir responsabilidad plena por sus resultados.

Caso de éxito: Recruit

La compañía japonesa Recruit puso en marcha un programa denominado Ring, que permite a cualquier empleado proponer un nuevo negocio en cualquier campo, y no solo los relacionados con los productos existentes de la compañía. El programa recibe más de mil nuevas ideas cada año, algunas de las cuales se han convertido en negocios importantes para la compañía.

Los motores: las tres palancas para activar el alto rendimiento sostenible

Las cinco dimensiones del modelo (confianza, transformación, efectividad, relaciones y compromiso) necesitan ser activadas para que podamos desarrollar en una organización las capacidades inherentes a cada una de ellas.

¿Cómo lo hacemos? Pues de la única manera posible: a través de las personas. Y para poder actuar a todos los niveles en los que las personas impactan en una organización, hay que considerar tres niveles por orden ascendente: individuo, equipos y cultura.

En función de esto, el Modelo de OI ha definido tres palancas a través de las cuales empezar a desarrollar las dimensiones necesarias para el alto rendimiento sostenible:

- **Cultura Inteligente:** es aquella que explicita el propósito, los valores y la experiencia de empleado de una organización para que el sistema humano disponga de una identidad organizativa compartida que facilite la realización de su estrategia a corto, medio y largo plazo.
- **Equipos Inteligentes:** son aquellos que generan los resultados para los cuales fueron creados de manera regular y consistente porque disponen de mecanismos controlados por ellos mismos que hacen que esto sea así. Su éxito no depende del azar ni de circunstancias externas; lo crean sus integrantes gracias a las dinámicas de trabajo en equipo que han establecido y consolidado.
- **Liderazgo Inteligente:** es un nuevo enfoque que **democratiza y desmitifica el liderazgo**, al posicionarlo como una habilidad inherente al ser humano, y lo aleja de ideas caducas como que es una posición del organigrama o que es sinónimo de «carisma». Pone el foco en la **efectividad del liderazgo** como **la capacidad de una persona de transformar sus intenciones en realidad, de modo que esta se posicione como líder (o protagonista) de la misma.**

Por la relevancia clave de cada una de estas tres palancas, las desarrollamos en los tres siguientes capítulos de manera intensiva.

4

Cultura Inteligente: el poder del propósito y de los valores compartidos

> Si tu organización no está alineada en torno a un propósito compartido, solo te queda ejercer la autoridad y el control.
>
> DEE HOCK

La palabra «cultura» está de moda. Estuve recientemente en un evento dirigido a altos directivos, empresarios y consejeros independientes en el que fue mencionada unas cincuenta veces en el transcurso de la mañana. Todos ellos estaban convencidos de que una cultura sólida y alineada con la estrategia era indispensable para tener éxito empresarial. Ahora bien, existe una creencia generalizada de que la cultura es una especie de «energía intangible» que solo unos pocos pueden dominar. Esto implica que la mayor parte de los empresarios y ejecutivos aborden este tema con «mucho arte y poca ciencia», lo que limita muchísimo la capacidad de poder modelar la cultura que tu organización necesita para hacer tu estrategia realidad.

El Modelo de OI identifica la Cultura Inteligente como una de las tres palancas que deben ser activadas para desarrollar una organización de alto rendimiento sostenible.

Cultura Inteligente es aquella que explicita el propósito, los valores y la experiencia de empleado de una organización para que dicho sistema humano disponga de una identidad organizativa compartida que facilite la realización de su estrategia a corto, medio y largo plazo.

En este capítulo vamos a abordar los aspectos clave para desarrollar una cultura inteligente, puesto que, en mi experiencia, conocer más profundamente un tema permite comprenderlo y gestionarlo de una manera consciente y efectiva. Mi objetivo es ayudar a todos aquellos que consideran la cultura como el mejor aliado de la estrategia empresarial, y dotarles de criterio suficiente para que puedan:

- Comprender el impacto de la cultura en la cuenta de resultados de su organización.
- Observar la cultura con objetividad para poder realizar un diagnóstico.
- Diseñar procesos que permitan modelar la cultura que más conviene.

Estrategia y cultura son hermanas gemelas

Empecemos por el principio: ¿qué tiene que ver la **estrategia** con la **cultura** de una organización? Todas las organizaciones, independientemente de su tamaño, tienen que hacer frente a dos grandes retos:

- **Sobrevivir, crecer y adaptarse a su entorno** (industria, geografía, digitalización, etc.).
- **Organizarse internamente** para poder funcionar en el día a día, así como para poder desarrollar la habilidad de adaptarse y aprender.

Schein define «cultura organizativa» como el «**patrón de creencias compartidas** —aprendidas por un grupo— que les ha resuelto sus problemas de **adaptación externa e integración interna**, y que ha funcionado lo suficientemente bien como para considerarse válido y, por lo tanto, ser transmitida a los nuevos miembros como la mejor manera de percibir, pensar y sentir en relación con esos dos grandes retos» (*Organizational Culture and Leadership*, 1985).

Una definición más moderna de «cultura», basada en la realizada por Chatman, Caldwell, O'Reilly y Doerr en 2014, sería el «sistema de control social que modela un determinado comportamiento a través de un conjunto de normas explícitas e implícitas compartidas y fuertemente sostenidas en una organización».

En otras palabras, **«cultura» es «la manera en que la gente hace las cosas en esta empresa»**. El problema surge cuando las personas no hacen las cosas como necesitamos que se hagan, por poner un ejemplo, para transformarnos digitalmente; porque mantenemos la inercia de hacer las cosas de la manera adecuada para resolver nuestros problemas del pasado, y somos incapaces de introducir nuevos patrones de comportamiento que den una respuesta efectiva a los retos actuales y futuros.

Debemos tener en cuenta que, cuando hablamos de cultura, siempre estamos en un terreno pantanoso que mezcla elementos tangibles e intangibles con factores explícitos e implícitos. Dicho de otro modo: hay cosas de la cultura que se ven y otras que no (lo que no significa que no estén ahí); y, de lo que ves, no todo es verdad. Inspirada en Schein y sus niveles de cultura, he elaborado un esquema para representar esta realidad:

ARTEFACTOS
- Explícito.
- Tangible.
- Lo que la empresa aparenta ser.
- Espacios de trabajo, cartelería, códigos de vestuario, políticas, etc.

COMPORTAMIENTOS
- Explícito.
- Intangible.
- Lo que la empresa hace.
- Patrones de comportamientos y toma de decisiones, etc.

SUPUESTOS DE BASE
- Implícito.
- Intangible.
- Lo que se piensa, se siente y realmente se valora en la empresa.
- Creencias y valores compartidos, emociones colectivas, etc.

Estos tres niveles —artefactos, comportamientos y supuestos de base— están interrelacionados y se influyen mutuamente, lo que no significa que estén alineados. De hecho, el nivel de consistencia y solidez de la cultura de una organización depende de su grado de alineamiento:

- Cuando lo que una organización piensa sobre la manera en que deben hacerse las cosas se traslada en procedimientos que son reforzados con espacios de trabajo (cartelería, campañas de comunicación interna, etc.), en la empresa, se respira autenticidad, credibilidad, orgullo de pertenencia, coherencia.

- Cuando en una organización existe una brecha entre la manera en la que se hacen las cosas y cómo decimos que lo hacemos, se genera desconfianza, sensación de falsedad, escepticismo... Un claro ejemplo son las empresas con espacios de trabajo flexible al más puro estilo Google, pero en las que se espera que tengas un horario determinado y des una visibilidad continua sobre dónde estás y qué haces.

Los artefactos son puertas de entrada para modificar la cultura de una organización, pero debemos trabajar en el ámbito del comportamiento y los supuestos de base, si queremos lograr transformaciones sostenibles.

Muchos se estarán preguntando: ¿para qué tengo que hacer evolucionar o transformar la cultura de mi organización? Y ahora es cuando necesitamos entender la relación existente entre estrategia y cultura:

- **Estrategia y cultura son hermanas gemelas**. La consecución de una iniciativa estratégica generalmente implica el alineamiento de la cultura, es decir, disponer de los patrones de creencias y comportamientos adecuados para ejecutar esa estrategia de manera efectiva.

- Cuando no se gestiona la cultura de una organización, esta tiende a *dificultar* la consecución de los objetivos estratégicos.

- Cambiar la estrategia de dirección requiere cambiar la cultura. No hay una cultura buena/mala o mejor/peor: la pregunta es si la cultura actual ayuda a que la organización llegue a donde quiere ir.

¿Tiene tu organización la cultura ideal para hacer realidad su estrategia?

La causa de que fracasen la mayor parte de las iniciativas de transformación de organizaciones se debe a que se ignora la relevancia de alinear estrategia, cultura y personas, ya que esta es la única manera de generar cambios sostenibles. No en vano se ha hecho famosa la frase «La cultura se come a la estrategia para desayunar», que habitualmente se ha atribuido a Peter Drucker.

Poner la atención en la cultura de una organización es importante porque no es suficiente que las personas tengan éxito a nivel individual: es imprescindible que tengan éxito cuando trabajan juntas como un sistema.

Charles O'Reilly ha estado analizando la relación entre cultura y cuenta de resultados, y las conclusiones de su investigación demuestran que las compañías con una cultura consistente tienen ingresos cinco veces superiores al resto. En esta línea también es muy interesante el estudio que Glassdoor realizó en 2015 (*Does Company Culture Pay Off?*), donde se vincula cultura y talento, para concluir que el 94 % de las personas en búsqueda de un proyecto prefieren compañías que gestionan de manera proactiva su cultura, y que estas compañías tienen ratios de retención tres veces superiores a la media.

El gran reto que plantea la cultura es que viene a ser como la reputación de una persona. Puedes influenciarla, pero no puedes decidirla unilateralmente; es algo cocreado por un conjunto de seres humanos. Todas las compañías tienen una cultura, unas deciden gestionarla de manera proactiva y otras la dejan a la deriva.

Una organización inteligente es aquella que gestiona de mane-

ra proactiva su cultura para alinearla a su estrategia y dirigirse hacia el alto rendimiento sostenible.

El poder del propósito

En agosto de 2019, la Business Roundtable, integrada por 181 consejeros delegados de las principales compañías estadounidenses, firmaba una declaración denominada *Statement on the Purpose of a Corporation*, en la que adquirían el compromiso de crear valor para todos los *stakeholders* o grupos de interés, haciendo consciente la realidad de que atender solo al accionista y a los beneficios es insuficiente para la sostenibilidad de un negocio:

> ... entregar valor a nuestros clientes, invertir en nuestros empleados, tratar de manera justa y ética a nuestros proveedores, apoyar a las comunidades en las que trabajamos y generar valor a largo plazo para los accionistas.

> ... nos comprometemos a entregar valor a todos ellos para el éxito futuro de nuestras empresas, nuestras comunidades y nuestro país.

Otra de las grandes iniciativas destacables en esta línea han sido las cartas escritas en 2018 y 2019 por Larry Fink (consejero delegado de BlackRock) a los homólogos de sus empresas participadas, donde habla de propósito y beneficios como dos variables sinérgicas correlacionadas positivamente entre sí, destacando la relevancia de tener un propósito social último.

Aunque con treinta y cinco años de retraso, emerge con fuerza una tendencia en el mundo empresarial de alejarse del *shareholder capitalism* (modelo de gestión cuyo foco primario está en el retorno a los accionistas) de Milton Friedmann (1962) para acercarse al *stakeholder capitalism* (modelo de gestión cuyo foco primario está en satisfacer las necesidades de los diferentes grupos de interés), promovido en 1984 por Edward Freeman. Muchos han sido los autores, entre los que no puedo resistirme a destacar a dos de mis ídolos, Peter Drucker y Michael Porter (*Creating Shared Value*, 2011), que han investigado y divulgado la relevancia para la sociedad de que las empresas se orienten al propósito y al bien común. Lo cierto es que, hasta ahora, solo unos pocos se lo habían tomado en serio.

¿Qué ha hecho que el propósito, de repente, se convierta en una prioridad en la agenda de consejeros delegados y corporaciones? Desde mi punto de vista hay una serie de factores que han confluido para que esto ocurra:

- La dificultad que plantea el escenario económico actual para obtener retorno a corto y medio plazo: como se expone en el capítulo 1, el contexto VUCCA (recordemos: Volátil, Incierto [*Uncertain*], Caótico, Complejo y Ambiguo), la revolución digital y la complejidad exponencial están dificultando mucho que las empresas tradicionales logren patrones de crecimiento rentable a corto plazo. Un claro ejemplo es que las posiciones más altas del ranking de capitalización bursátil de 2018 están ocupadas por tecnológicas, lideradas por Microsoft (685.000 millones de dólares), mientras que en 2001 lo lideraba General Electric (465.000 millones de dólares), seguida de Microsoft, Exxon, Citi Bank y Walmart.

- La agenda de inversión de los grandes fondos como BlackRock (recordemos que este gestiona más de 7 billones de dólares, que es una cifra superior a la de la economía de muchos países europeos): impactan de forma directa en la agenda estratégica de un gran número de compañías, ya que tienen participaciones en muchas de ellas; y consideran que va a ser la iniciativa privada, y no la pública, la que tenga que dar respuesta a los grandes retos económicos, sociales y medioambientales.

- El poder de las redes sociales, que han convertido en público todo lo privado, y actúan como altavoz del impacto que las organizaciones tienen en sus comunidades, denunciando cualquier situación que ponga en duda la ética y la integridad de una organización.

- La expectativa social sobre el mundo corporativo, que ha pasado del mínimo higiénico (que no se cometan fraudes o delitos) al óptimo deseable (compromiso de las organizaciones con las comunidades en las que trabajan y la sociedad a la que sirven).

Todas estas realidades ponen de manifiesto la imperiosa necesidad de las compañías de activar y alinear a sus grupos de interés con su propósito si desean convertirse en una organización inteligente o de alto rendimiento sostenible.

Pero... eso del propósito ¿qué es exactamente?

De la misma manera que las personas tenemos una identidad, las organizaciones (que no dejan de ser un sistema constituido por personas) también la tienen. Cualquiera que haya trabajado en más de una empresa ha experimentado esto de manera consciente o inconsciente. Podemos encontrarnos con organizaciones que tienen identidades similares o radicalmente opuestas, pero todas y cada una de ellas tienen algo que es único e irrepetible.

La identidad de una organización es el conjunto de elementos que definen su singularidad, esos aspectos que la hacen única y que te permiten comprender qué hace, cómo lo hace y para qué lo hace.

Tradicionalmente, el foco se ha centrado en tres de ellos:

- **Visión:** es una proyección del futuro deseado de la organización; describe dónde nos gustaría estar, qué nos gustaría tener y ser en un futuro.
- **Misión:** explicita cómo vamos a hacer realidad la visión, el negocio en el que operamos, los productos y servicios que entregamos y los clientes a los que servimos.
- **Estrategia:** consiste en planes de acción que se van a poner en marcha para hacer realidad la visión y la misión.

El propósito explicita la razón de la existencia de una organización, responde a estas dos preguntas:

1. ¿Para qué existe esta organización?
2. ¿Por qué es importante lo que hacemos aquí?

Ante estas preguntas, muchas personas se van a la respuesta fácil: para ganar dinero. Ingresos, beneficios, salarios... son el resultado de lo que hacemos, pero no explica por qué lo hacemos. Es evidente que uno de los objetivos de una organización con ánimo de lucro es ganar dinero, pero podemos ganar dinero de muchas maneras, y la realidad es que cada organización elige una forma muy particular de hacerlo. ¿Por qué hemos elegido ganar dinero de esta manera?

El propósito de una organización es aquello que expresa el para qué se ha creado, y va más allá del típico «para ganar dinero». Pensar que una organización existe para ganar dinero es como pensar que tú y yo existimos para generar glóbulos rojos. Es evidente que una empresa necesita generar recursos, y además ha elegido una manera muy concreta de hacerlo, que siempre está vinculada con el impacto que quiere tener en el mundo.

> El propósito está vinculado al impacto que tenemos
> en otros, hace referencia a cómo queremos marcar la
> diferencia y a la huella que queremos dejar en el mundo.
> El propósito es aquello que nos inspira y que hace
> que levantarse cada mañana tenga sentido.

Los tres círculos

De manera natural, las personas solemos aproximar la realidad de fuera a dentro, de lo externo a lo interno, de lo que es más fácil de explicar a lo que es más difícil. Básicamente porque es más sencillo, lo externo lo vemos, y lo interno hay que inferirlo a través de lo explícito o tangible. Sin embargo, es aquello que está en el núcleo lo que determina lo que las organizaciones y personas hacemos. O, dicho de otra forma, lo externo es una proyección materializada de lo interno.

Se han utilizado múltiples metáforas para describir esta realidad, como el iceberg o el círculo dorado de Simon Dolan. Yo me he inspirado en este último para explicar el concepto de identidad organizativa y distinguir adecuadamente la posición que ocupa el propósito y por qué es relevante.

VISIÓN: la imagen futura deseada que proyectamos de nuestra organización, aquello que queremos tener y ser en el futuro.

MISIÓN: la manera en la que hacemos realidad el propósito y la visión. Explicita el negocio en el que estamos, los productos/servicios que ofrecemos y los clientes/consumidores a los que nos dirigimos.

PROPÓSITO: la razón de nuestra existencia como organización, el impacto que tenemos en la sociedad en la que operamos.

La neurociencia del propósito

La ventaja de hablar a las personas de hechos y datos es que son fácilmente comprensibles. El problema es que nadie toma decisiones basándose en hechos y datos (aunque creamos que sí) porque no generan emoción, ni inspiran a la acción.

Comunicarnos desde el propósito (de dentro hacia fuera) nos permite conectar con rapidez con personas que comparten nuestras creencias y valores. Además, empezar por el «porqué» eleva la capacidad de influenciar la toma de decisiones y el comportamiento a través de la emoción, porque te diriges directamente al sistema límbico.

El neocórtex es la parte exterior del cerebro y está vinculado a los «qué», ya que es responsable del lenguaje y del pensamiento analítico y racional. El sistema límbico está conectado con los «cómo» y los «porqué», puesto que se trata del área del cerebro que se encarga de nuestras emociones, nuestro comportamiento y nuestra toma de decisiones. Por cierto, carece de capacidades lingüísticas...

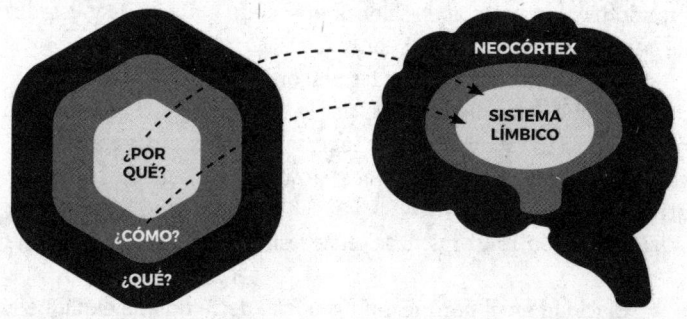

Dicho de otra manera, cuando nos comunicamos de fuera hacia dentro, las personas comprenden la información, pero esto no determina su comportamiento. Sin embargo, cuando te comunicas de dentro hacia fuera, estás conectando directamente con sus emociones y su toma de decisiones, por lo que impactas directamente en su comportamiento. Ahora bien, cuando les preguntas por qué han elegido un determinado producto o servicio, o por qué han manifestado un comportamiento, te hablarán de beneficios, hechos, datos y cifras, porque su cerebro buscará las razones en el neocórtex, ya que este tiene la capacidad lingüística y racional para poder argumentar la decisión tomada. El «qué» también es muy relevante, porque proporciona los argumentos necesarios para sentirnos satisfechos con nuestras decisiones y acciones.

Esto se debe a que el neocórtex necesita racionalizar todo lo que ocurre para poder comprender el mundo. Eso hace que pensemos que somos seres racionales con emociones, pero lo cierto es que no es así. Si esto fuese cierto, nunca compraríamos un producto o servicio por cómo nos hace sentir o por la experiencia que nos proporciona; nunca seríamos leales y siempre elegiríamos la mejor opción; no nos preocuparíamos por la confianza y las relaciones, simplemente evaluaríamos los números. Todos sabemos que no nos comportamos así; elegimos un producto por cómo nos hace sentir (incluso cuando elegimos el más barato, lo hacemos porque buscamos sentirnos responsables o inteligentes por haber ahorrado dinero comprando bien), tomamos decisiones buscando emociones y estados de ánimo (alegría, seguridad, control, etc.).

Esta es la razón por la que las personas no compran lo que vendes, sino que compran la razón por la que lo haces. Y el porqué lo haces refleja tu estructura de creencias y valores, que es la identificación que los seres humanos necesitamos para conectar unos con otros.

En resumen, una organización necesita actuar a tres niveles:

- **Claridad en el porqué**: un propósito definido que explique el impacto que la organización desea tener en el mundo. Si tú no sabes por qué haces lo que haces, ¿cómo puedes esperar que alguien te siga?
- **Disciplina en el cómo**: si no existe claridad en cómo vamos a hacer realidad el propósito, corres el riesgo de que se promuevan múltiples iniciativas que dispersen la energía y dificulten el alineamiento.
- **Consistencia en el qué**: todo lo que haces debe ser consistente con tu propósito.

Beneficios de la activación del propósito

Desde mi punto de vista, existen tres razones fundamentales por las cuales una organización debe explicitar y dirigirse desde su propósito:

- **Sostenibilidad del negocio:** puede gustarnos o no, pero la realidad es que una organización forma parte de una sociedad con la que interactúa de manera continua y, en este sentido, si desea tener resultados de manera sostenida, tiene que realizar una contribución valiosa a dicha sociedad. Si no lo hace, consumidores, clientes, accionistas y empleados elegirán a otra que sí lo haga.

- **Alto rendimiento:** el alto rendimiento de una organización depende fundamentalmente de dos variables: talento y *engagement*. Ya puedes tener una organización llena de «Cristianos Ronaldos», que, si no están alineados y comprometidos con el propósito de tu organización, lo único que vas a conseguir son resultados mediocres, caos, conflicto y, en el mejor de los casos, algún pelotazo ocasional que te hará pensar que no lo haces tan mal.

- **Agilidad organizativa:** ahora todo el mundo quiere tener una organización «ágil», y la clave para lograrlo está vinculada con la efectividad en la toma de decisiones. Una organización que tiene claro su propósito, toma decisiones de manera efectiva porque sabe muy bien qué opciones la acercan o la alejan del mismo, y esto le permite priorizar, focalizarse en lo relevante y progresar con fluidez.

Todo esto tiene un impacto evidente en la cuenta de resultados. Una investigación llevada a cabo por EY Beacon Institute y Harvard Business School muestra que las empresas lideradas desde el propósito se benefician positivamente en su cuenta de resultados. Y en el estudio *Purpose at Work* (2016), llevado a cabo por LinkedIn & Imperative, se ponía de manifiesto que el 42 % de las compañías que no se consideraban «dirigidas desde el propósito» mostraban caídas en los ingresos, mientras que el 85 % de las empresas «dirigidas desde el propósito» mostraban crecimiento. Si nos centramos en compañías a las que les va bien, de las que habían crecido por encima del 10 % en un período de tres años, el 58 % pertenecía al grupo de lideradas desde el propósito.

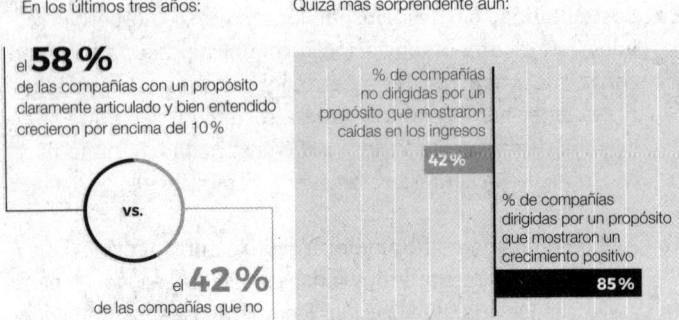

En los últimos tres años:

el 58 %
de las compañías con un propósito claramente articulado y bien entendido crecieron por encima del 10 %

vs.

el 42 %
de las compañías que no priorizaron el propósito

Quizá más sorprendente aún:

% de compañías no dirigidas por un propósito que mostraron caídas en los ingresos **42 %**

% de compañías dirigidas por un propósito que mostraron un crecimiento positivo **85 %**

Fuente: *Purpose at Work Global Report* (LinkedIn & Imperative, 2016).

Otro error típico es pensar que eso del propósito es interesante cuando las cosas van bien, pero que, en períodos de crisis, hay que centrarse en el aquí y el ahora para asegurar la supervivencia de la organización. Nada más lejos de la realidad: BCG, en su informe *How to Win the Next Economic Downturn* (2019), muestra cómo, en la crisis de 2007-2009, las empresas orientadas a largo plazo fueron capaces de crecer en su cifra de negocios y proporcionar valor al accionista en niveles muy superiores a aquellas con orientación cortoplacista.

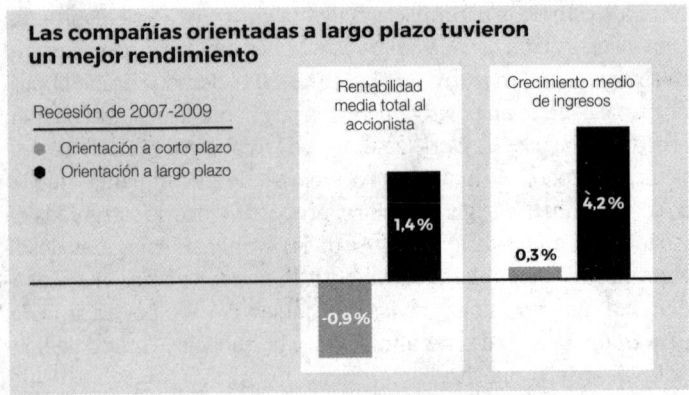

Las compañías orientadas a largo plazo tuvieron un mejor rendimiento

Recesión de 2007-2009

● Orientación a corto plazo
● Orientación a largo plazo

Rentabilidad media total al accionista

1,4 %

-0,9 %

Crecimiento medio de ingresos

4,2 %

0,3 %

Fuente: *How to Win the Next Economic Downturn* (BCG, 2019).

Para comprender por qué las empresas orientadas al propósito superan a las empresas orientadas estrictamente al resultado, podemos poner en contraste ambas filosofías.

Imagina dos empresas, la compañía A y la compañía B. Compiten en el mismo mercado, por los mismos clientes.

El consejero delegado de la compañía A dice: «Nuestro propósito es proporcionar un retorno a los accionistas». Los empleados se miden en función de su retorno de inversión. El consejero delegado de la compañía B dice: «Nuestro propósito es mejorar la vida de nuestros clientes». Los empleados son evaluados según el impacto que sus acciones tengan en los clientes. ¿Qué compañía va a desarrollar mejores sistemas y productos: el equipo centrado en los beneficios a corto plazo o el equipo centrado en el impacto en el cliente? ¿Qué grupo de empleados estará más comprometido emocionalmente: el equipo cuyos líderes los ven como activos al servicio de los ingresos o el equipo que cree que mejoran la vida de los clientes?

Veamos cómo se traduce esto en el día a día de cada una de estas organizaciones:

	Orientación a beneficio (corto plazo)	Orientación a propósito (largo plazo)
Consejero delegado	Tenemos que mejorar el EBITDA (beneficio antes de intereses, impuestos, depreciación y amortización).	Tenemos que proporcionar un servicio mejor a nuestros clientes.
Servicio al cliente	Resolvemos los problemas de nuestros clientes.	Ayudamos a nuestros clientes a tener éxito.
Marketing	Desarrollamos nuevos productos y llegamos a nuevos clientes.	Mostramos a nuestros clientes potenciales maneras en las que su vida puede ser mejor.

	Orientación a beneficio (corto plazo)	Orientación a propósito (largo plazo)
Operaciones	Aseguramos que nuestro negocio funciona y que nuestros procesos son eficientes.	Aseguramos que nuestros clientes tienen lo que necesitan cuando lo necesitan y como lo necesitan.
Ventas	Nuestras ventas están en plan y cerramos acuerdos con clientes.	Estamos aquí para añadir valor. Nuestro objetivo es tener un impacto positivo en los clientes.

Es sencillo distinguir a las empresas que lideran desde el propósito de las que no, especialmente por su lenguaje.

> El lenguaje no solo crea realidades, sino que, además, proyecta nuestros modelos mentales. Por eso escuchar cómo se habla en una organización proporciona muchas pistas de su cultura real.

Ahora que tengo claro qué es el propósito y sus beneficios, ¿qué hago?

Viene la gran pregunta que todo el mundo se hace cuando llegamos a este punto: ¿por dónde empiezo?

Hay cuatro pasos fundamentales que deben darse para desarrollar una organización liderada desde el propósito (*Purpose Driven Organization*):

1. **Descubrir el propósito:** el propósito está encerrado en las historias de la organización, en la percepción de clientes y empleados, y en las aspiraciones y motivaciones conscientes e

inconscientes de aquellos que la fundaron y de todos los que forman parte de ella.

2. **Encapsular el propósito:** para que el propósito pueda ser comunicado y comprendido, debe construirse una frase que lo contenga. Esta frase o sentencia (*Purpose Statement*) debe tener una serie de características: breve en número de palabras, conceptualmente amplia, inspiradora y conectada con el impacto que deseas tener en consumidores, clientes y sociedad.

3. *Storytelling* **(contar la historia):** la narrativa lo es todo, y esto convierte en fundamental la elaboración de un relato que integre razón y emoción sobre el propósito de una organización y el impacto que esta desea tener en el mundo.

4. **Activar el propósito:** alinear el propósito de individuos y equipos con el de la organización es el último paso y el decisivo. Este paso es el que diferencia a organizaciones que tienen un propósito de las que viven un propósito. Muchas son las empresas que disponen de preciosas frases en sus paredes, páginas web y en sus manuales de acogida. Más reducido es el número de aquellas que llevan a cabo acciones para que sus empleados identifiquen su propósito personal y construyan una conexión con su rol, con el equipo del que forman parte y con la organización para la que trabajan.

Caso de éxito: Walmart

Un ejemplo de un propósito inspirador, concreto y muy bien definido es el caso de Walmart: «Ayudar a la gente a ahorrar dinero para que puedan vivir mejor».

Valores compartidos, el combustible que asegura el movimiento

Si el propósito es fundamental porque proporciona dirección a largo plazo y sentido, los valores son esenciales porque aportan la energía para que el movimiento se produzca.

«Valores» es aquello que una organización considera importante (valora), y aquello que una organización valora se manifiesta en sus procesos de toma de decisiones. Puedes determinar lo que una empresa valora en función de a qué cosas dice que sí, y a qué dice que no; o qué cosas permite que pasen y qué cosas son intolerables.

Una manera de definir «valores» en el contexto corporativo sería «comportamientos que son valorados en esta compañía».

El gran riesgo: incoherencias

Uno de los principales problemas que surge en una organización es la incoherencia entre los valores declarados y los valores reales.

- Los **valores declarados** son los «oficiales», aquellos que salen en la página web, los que aparecen en la campaña de comunicación interna y en los discursos de los directivos de la empresa.
- Los **valores reales** son aquellos que sirven como principio para la toma de decisiones en la empresa, la verdadera vara de medir, y responden a la pregunta: ¿qué es lo que debes y no debes hacer para tener éxito en esta empresa?

Asimismo, si nos estamos planteando un redefinición de nuestra cultura, debemos abordar un ejercicio que nos ayude a identificar los **valores ideales**, que serían aquellos que nos conviene tener para hacer realidad esa cultura ideal que necesitamos para hacer realidad nuestra estrategia.

Para desarrollar una organización inteligente es esencial con-

frontar estas dos realidades, identificar incoherencias y corregir-
las. Para ello, debemos abordar una serie de reflexiones valientes:

- ¿Qué valores nos conviene tener para crear la cultura que que-
remos?
- ¿Qué valoramos realmente a día de hoy?
- ¿Dónde está la brecha entre nuestros valores actuales y los valo-
res declarados? ¿Y entre nuestros valores actuales y los ideales?
- ¿Qué vamos a hacer para corregirlo?

De la teoría a la realidad

El otro gran problema que surge cuando hablamos de valores es
que las mismas palabras no significan lo mismo para todos. Esto genera un efecto «torre de Babel», por el que pensamos que estamos
hablando de lo mismo pero, en realidad, nos referimos a cosas diferentes.

En una empresa decidieron que la autenticidad era uno de sus
valores y animaron a la gente a que lo practicase. Muchas personas
asumieron que eso implicaba decir lo que se te pasa por la cabeza sin
consideraciones y sin filtros de ningún tipo. Esto produjo una serie
de situaciones problemáticas derivadas de tener personas «vomi-
tando» sus pensamientos y emociones con respecto a la organización en aras de la «autenticidad». La empresa tuvo que clarificar qué
entendía por «autenticidad», qué comportamientos esperaban de
los empleados en relación con ese valor y qué comportamientos
eran contrarios a ese valor.

Adjunto un ejemplo de lienzo para definir un valor, que puede
ilustrar cómo podemos hacer esto en una organización para asegurar que estamos entendiendo todos lo mismo y que podemos modelar comportamientos en torno a ellos. Aclaración: este ejemplo es
ilustrativo; cada empresa debería realizar un ejercicio específico
para identificar los valores clave de su cultura y comportamientos
asociados.

VALOR: autenticidad
Tenemos el coraje de decir lo que pensamos con respeto, sin ambigüedades y sin ocultar ninguna información relevante vinculada con el tema que se esté tratando.

Comportamientos que indican su presencia	Comportamientos que indican su ausencia
• Expreso mi opinión en contra de una postura sin necesidad de que me inviten a hacerlo. • Me muestro natural y expreso mis sentimientos de forma respetuosa y haciéndome cargo de ellos. • Soy directo y claro cuando hablo.	• Soy ambiguo cuando expreso mi postura en relación con un asunto. • Oculto información salvo que alguien me pregunte expresamente por ella. • Evito decir lo que pienso si es contrario a lo que opina la mayoría o una persona más sénior que yo.

El empleado experimenta la cultura de la organización

A pesar de todo lo que se habla sobre automatización e inteligencia artificial, las empresas que quieren tener éxito y que buscan el alto rendimiento sostenible deben focalizarse en aprovechar el talento que no puede ser reemplazado ni por máquinas ni por tecnología.

La tecnología eliminará puestos de trabajo y creará otros nuevos, como ya lo hizo en la revolución industrial. Y, en la medida en la que estos nuevos puestos estarán más vinculados a las capacidades más sofisticadas del ser humano, vamos a tener organizaciones integradas por personas muy exigentes con la organización en términos de experiencia de empleado, básicamente porque ellas aportan mucho valor también.

Los empleados se han convertido en los «consumidores de la cultura» de una organización. Sus expectativas van mucho más allá de tener un horario decente y cobrar un sueldo. Las personas, además, buscan significado y realización en su experiencia laboral, y eso supone un reto para aquellas organizaciones que quieran competir con efectividad en el mercado del talento para poder atraer y retener sin dificultades a las personas que necesitan para su proyecto estratégico.

Hay muchas maneras de abordar el tema de la experiencia de empleado. Desde la perspectiva del Modelo de OI se encuadra como un elemento esencial de la palanca «cultura inteligente». Nuestro foco es la generación de una experiencia de empleado consistente, que se traduzca en alto rendimiento sostenible a nivel de individuo, de equipo y de organización.

Definimos «experiencia de empleado» como las percepciones, observaciones y sensaciones que una persona tiene derivadas de su recorrido en una organización. Incluye todas las interacciones que dicho empleado tiene antes, durante y después de su relación laboral con la misma.

¿Para qué gestionar la experiencia de empleado?

La principal razón por la cual una empresa debe prestar especial atención a la experiencia de sus empleados es porque se trata de una de las maneras más tangibles de modelar la cultura de una organización. Hay tres beneficios fundamentales por los cuales a una organización le conviene invertir recursos y energía en gestionar de manera proactiva la experiencia de sus empleados:

- La experiencia de empleado determina el nivel de compromiso con la organización.
- La experiencia de empleado determina la experiencia de cliente.
- La experiencia de empleado impacta en la reputación, en la sostenibilidad de la organización y en el EBITDA (acrónimo

del inglés *Earnings Before Interest, Taxes, Depreciation and Amortization*, es decir, un indicador financiero que mide el beneficio bruto de explotación calculado antes de deducir los gastos financieros).

Para aquellos curiosos o incrédulos, les sugiero que profundicen en todas las investigaciones realizadas por Gallup, que llevan años analizando el impacto a través de las relaciones existentes entre estos indicadores.

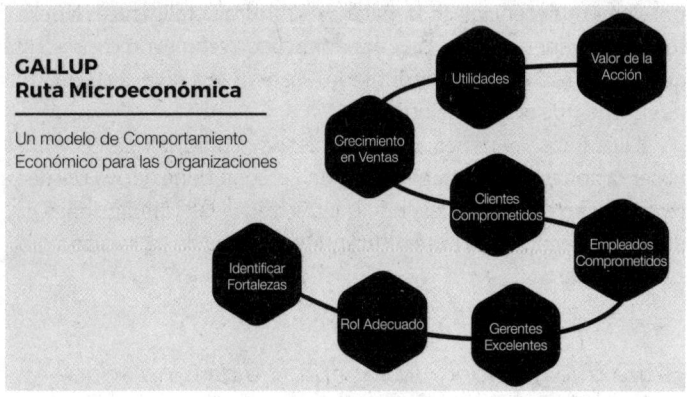

Fuente: Ruta microeconómica de Gallup, 1996-2002 (Gallup, 2007).

¿Qué determina la experiencia de empleado?

Para comprender aquello que determina la experiencia de empleado debemos adentrarnos en el sutil universo de las percepciones. Y es que la experiencia de empleado no es, ni más ni menos, que la percepción que tenemos sobre la realidad que experimentamos.

La dificultad radica en que la percepción es subjetiva y, en el ámbito de la gestión de las personas, podríamos decir que es una mezcla de realidad y comunicación.

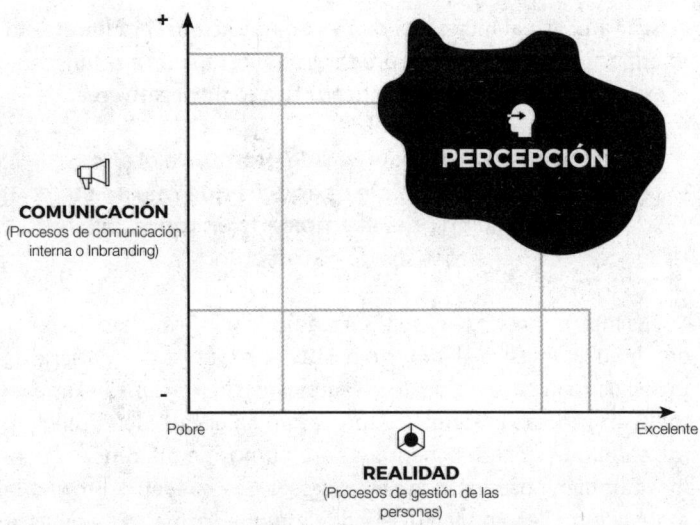

Esto genera situaciones controvertidas y/o frustrantes en las organizaciones; las más típicas son estas dos:

- Empresas que, objetivamente, disponen de procesos y prácticas excelentes, cuyos empleados perciben su experiencia laboral como «normal», o incluso como «menos estimulante o atractiva» que en otras empresas. Esto viene determinado por lo general porque la empresa no está invirtiendo recursos en comunicar y poner en valor dichas prácticas. Es muy común en empresas endogámicas, cuyo modelo se basa en la promoción interna y donde muchos empleados solo conocen esa realidad.
- Empresas que, objetivamente, disponen de un modelo de gestión de personas bastante pobre y que, sin embargo, invierten muchísimo en poner en valor lo poco que tienen.

En resumen, si quieres que tus empleados disfruten de una *experiencia de empleado WOW*, debes comprender que es necesario activar ambas palancas: realidad y comunicación. Para hacer esto, es importante entender qué procesos de la compañía afectan más a la experiencia de empleado tanto positiva como negativamente.

> **Una cultura inteligente que promueve el alto rendimiento sostenible es aquella que maximiza la motivación para el empleado en todos los procesos que le afectan.**

Es muy interesante el análisis realizado por Primed to Perform, donde se demuestra el impacto positivo y negativo de una serie de procesos en la motivación de un empleado. En ocasiones, el impacto de un proceso es determinante, como en el caso del diseño del rol, en el que existen ochenta y siete puntos de diferencia. Podemos también observar que hay procesos que pueden promover la motivación, si están bien diseñados, aunque permanecen neutros si no lo están, como los programas de gobernanza o evaluación del rendimiento. En cambio, otros pueden ser devastadores si no están adecuadamente definidos, como la identidad de la organización (propósito, visión y valores), diseño del rol o comunidad.

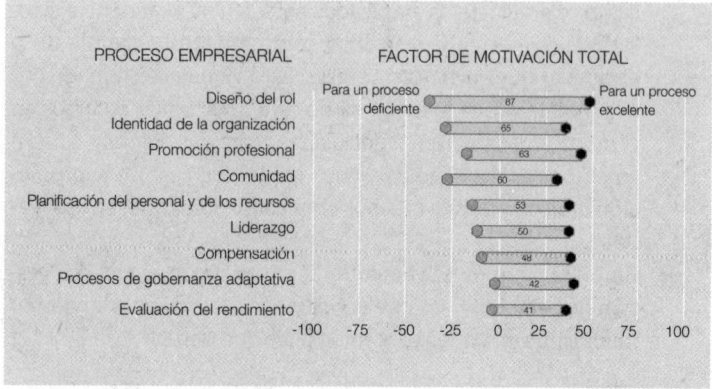

Fuente: «How Company Culture Shapes Employee Motivation», de Lindsay McGregor y Neel Doshi (*Harvard Business Review*, 25 de noviembre de 2015).

Claves para gestionar con éxito la experiencia del empleado

¿Por dónde debe empezar una organización cuando quiere re-definir su experiencia de empleado? ¿Qué es lo más importante? ¿Qué hay que hacer para que tenga impacto en la cuenta de resulta-dos?

Mi propuesta es que tengas en cuenta una serie de consideracio-nes que son críticas para que tu iniciativa de experiencia de emplea-do pase de ser un proyecto «molón» a un proyecto «útil», que añada valor a tu organización y mejore la calidad de vida de los empleados que conforman la empresa:

1. **Alineamiento y coherencia:** tu propuesta de valor al emplea-do debe estar alineada con tu estrategia y con tu cultura (pro-pósito, visión y valores), ya que está al servicio de ella. Debe-mos evitar el «corta y pega» de modelos que pueden ser estupendos para otras organizaciones, pero no para la nues-tra.

2. **Conoce a tu *empleado ideal*, y ponlo en el centro:** son los em-pleados los que experimentan tu cultura, y ellos son el centro de tu iniciativa de experiencia de empleado porque la estás creando por y para ellos. Para ponerlos en el centro, debes co-nocerlos: debes conocer a tu empleado ideal y su realidad. ¿Por qué a tu empleado ideal? Muy sencillo: estás diseñando un mecanismo que va a atraer a un perfil de individuos y va a espantar a otros. Tu experiencia de empleado es el mecanis-mo más «orgánico» de atraer y retener el talento que necesita tu organización. Para eso lo primero es definir qué es talento en tu organización.

3. **Dibuja el *viaje de tu empleado y los momentos de la verdad*:** elabora tu **mapa de experiencia de empleado**, donde quede reflejado el recorrido que tus empleados realizan desde que son potenciales candidatos en un proceso de selección hasta que terminan su relación con la compañía. Identifica las eta-

pas clave o momentos de la verdad, y recoge datos y eviden-
cias que te permitan determinar si su experiencia en estos
momentos es positiva, negativa o neutra.

4. **Pilota primero, escala después:** prueba en un departamento
o en un área de la organización, a ver qué pasa. Aprende y,
luego, escálalo a toda la organización. Trabajar con programas piloto permite lanzar iniciativas más rápido porque el
alcance es menor, puedes ajustar tu modelo para llevarlo a la
excelencia y, además, generas embajadores del proyecto.

Caso de éxito: IDEO

David Kelley fundó IDEO hace más de treinta años con un objetivo: crear un lugar de trabajo formado por sus mejores amigos. En la actualidad, es una firma de diseño global integrada por más de seiscientas cincuenta personas. Evidentemente, ese tamaño no ha sido alcanzado contratando a sus mejores amigos. Ahora bien, el espíritu determina la manera en la que trabajan y se relacionan los empleados, para lo cual han definido cuatro atributos esenciales de su cultura que son factores esenciales para mantenerlos comprometidos y alineados con su manera de entender la compañía:

1. Permiso para jugar: IDEO considera esencial que sus empleados jueguen y experimenten juntos, porque esto construye relaciones sólidas que ayudan a innovar, explorar nuevas posibilidades y asumir riesgos en compañía de otros. Disponen de espacios orientados a facilitar esto y de rituales que lo fomentan.

2. Un propósito común, adaptado. El propósito de IDEO es: «Impacto positivo y desproporcionado en el mundo a través del diseño». Es ambicioso, amplio y muy inspirador, aunque corre el riesgo de parecer distante del día a día de sus estudios de diseño. Por ello, cada ubicación adapta el propósito de IDEO a sus mercados o estudios particulares. En China, el propósito se enuncia así: «Crear un nuevo valor para el país al permitir que los líderes iluminados aborden los desafíos sistémicos». Mientras que en Londres es: «Permitir que las organizaciones cumplan y excedan sus promesas a las personas».

3. Un contrato social. El libro pequeño de IDEO explicita los siete valores comunes a sus colaboradores: ser optimistas, colaborar, aprender del fracaso, abrazar la ambigüedad, hablar menos y hacer más, hacerse cargo de lo que es tuyo y ayudar a que otros tengan éxito. Son una guía de referencia para las personas que conforman la organización, permiten la autogestión de los equipos y son el centro de sus iniciativas de desarrollo para ayudar a todos los que se incorporan a hacerlos realidad.

4. Innovación de abajo hacia arriba. Cuando los líderes quieren iniciar un proyecto, se explica el para qué de este, así como el resultado deseado. A partir de este alineamiento en torno a un objetivo común, las personas implicadas desarrollan las diferentes iniciativas y estrategias para hacerlo realidad.

5

Equipos Inteligentes: del liderazgo individual al liderazgo colectivo

> Un equipo efectivo incrementa la productividad, satisfacción y crecimiento de cada uno de los miembros del equipo, del equipo mismo y del resto de la organización.
>
> JON R. KATZENBACH Y DOUGLAS K. SMITH

Cuando estamos hablando de organizaciones inteligentes u organizaciones de alto rendimiento que responden con efectividad a los retos que plantea el siglo XXI, el talento y el individuo pasan a un segundo plano y el equipo se convierte en protagonista indiscutible del desempeño de una empresa.

No es que el talento no importe, es que el trabajo en equipo importa más.

David Ulrich analiza en su libro *Victory Through Organization* (2017) a más de mil doscientas empresas y demuestra que un sistema humano (organización, unidad de negocio o equipo) tiene un impacto cuatro veces superior al del talento individual en los resultados empresariales.

Ahora bien, para que un equipo añada valor de forma significativa a una organización, debe ser lo que el Modelo de OI define como un **equipo inteligente, que es aquel que logra y mantiene el alto rendimiento sostenible**.

Gran parte del trabajo realizado en la mayoría de las organizaciones se desarrolla en un equipo. El equipo es la unidad donde las cosas pasan, donde emerge la innovación, y es el sistema humano de referencia para la mayor parte de los empleados. Pero también es donde surgen problemas interpersonales, falta de alineamiento, necesidades encontradas, perspectivas diferentes sobre una misma realidad, egos individuales, etc., y muchos más problemas que limitan la productividad del mismo, así como el bienestar de sus integrantes.

Los equipos dependen de un trabajo intenso y colaborativo para lograr una tarea o meta específica que no puede ser lograda igual de bien por un individuo o un grupo de trabajo.

Según Behnam Tabrizi, experto en liderazgo transformacional y profesor de la Universidad de Stanford, el 75 % de los equipos son disfuncionales. Comprender qué limita las posibilidades de un equipo y qué capacidades deben ser desarrolladas para que este se convierta en un equipo inteligente es prioritario si tu objetivo es liderar un equipo inteligente.

Pero ¿qué es un equipo?

El primer paso antes de responder a la pregunta «qué hace que un equipo sea de alto rendimiento» es «qué es un equipo». Tendemos a utilizar la palabra «equipo» para denominar a un conjunto de personas que trabajan juntas, o que reportan a la misma persona, o que se integran en la misma unidad organizativa.

Un equipo es algo más que una colección de individuos. Un equipo es una selección de personas que se colocan juntas para un propósito común con metas identificables, roles claros y responsabilidad por los resultados.

Es esencial aproximarse a los equipos desde una perspectiva sistémica, porque un equipo es un sistema humano que forma parte de un sistema superior (la organización) y que, en ocasiones, contiene sistemas de orden inferior (otros equipos). Es fundamental comprender que los miembros de un equipo no son entes aislados: están interconectados y son interdependientes porque lo que hace uno impacta en el resto del sistema directa o indirectamente.

Caso de éxito: Agencia Espacial Europea versus NASA

La Agencia Espacial Europea fracasó porque cada país fabricó de manera independiente los diferentes componentes de los cohetes. Cada uno de estos componentes funcionaban perfectamente de manera aislada, pero cuando fueron a ensamblar los cohetes, volaron por los aires. La NASA utilizó un enfoque diferente: reunió a todos los contratistas implicados y los puso a trabajar de forma conjunta en las mismas instalaciones, asegurándose de que todos disponían de una visión global del qué y el para qué del proyecto. Mantenían reuniones semanales a las que asistía todo el equipo (muchos de ellos como oyentes) para que todo el mundo comprendiera los puntos de vista de aquellos que lideraban los diferentes equipos de trabajo y contribuir si era necesario.

Estructura organizativa y equipos en el siglo XXI: ¿qué ha cambiado?

Los modelos organizativos que funcionaban en el siglo XX y que estaban basados en una estructura jerárquica piramidal ya no funcionan. Y no funcionan porque las organizaciones actuales son demasiado grandes y/o complejas y/o dinámicas como para que una persona pueda tomar todas las decisiones. De hecho, aquellas organizaciones que siguen sosteniendo estos modelos, concentrando la toma de decisiones en unos pocos, están sufriendo mucho por su incapacidad de responder con agilidad a los retos que les plantea su entorno y sus propios empleados.

Industrias que tradicionalmente han sido jerárquicas, como el ejército de Estados Unidos o Ford, ya disponen de modelos de equipos autogestionados que conforman organizaciones con forma de red, y que quedan muy lejos de las estructuras piramidales del siglo pasado.

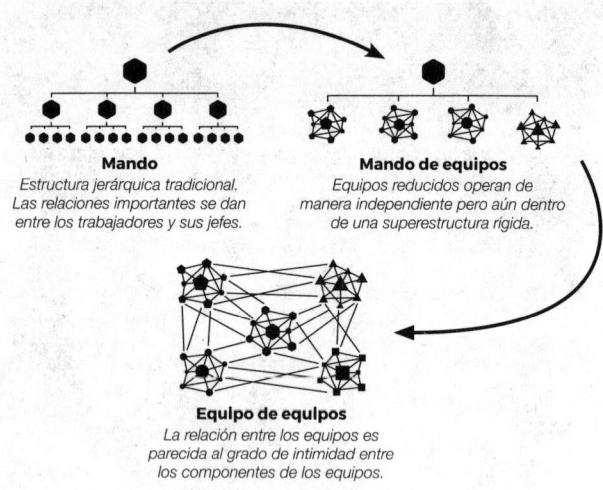

Mando
*Estructura jerárquica tradicional.
Las relaciones importantes se dan
entre los trabajadores y sus jefes.*

Mando de equipos
*Equipos reducidos operan de
manera independiente pero aún dentro
de una superestructura rígida.*

Equipo de equipos
*La relación entre los equipos es
parecida al grado de intimidad entre
los componentes de los equipos.*

Fuente: *Team of Teams* (General Stanley McChrystal, Penguin, 2015).

Y es que el contexto VUCCA actual (recordemos: Volátil, Incierto [*Uncertain*], Caótico, Complejo y Ambiguo) ha generado una serie de nuevas realidades que ha llevado a que se produzca un conjunto de cambios significativos en relación con los equipos:

- Los equipos son cada vez más líquidos: en las organizaciones de hoy en día, los equipos se ensamblan, implementan y deshacen a una velocidad extraordinaria.
- Emergen los denominados «equipos anidados», que son equipos dentro de equipos, o con pertenencia solapada, algunas veces con metas y misiones superpuestas. ¿En cuántos equi-

pos diferentes estás tú o tus compañeros de equipo? ¿En dónde te solapas con otras áreas?

En el gráfico adjunto hemos querido reflejar las principales diferencias entre los equipos que tenían éxito en el siglo xx y los que están teniendo éxito en el siglo xxi.

	SIGLO XX	SIGLO XXI
Estabilidad	Alta: raramente un equipo modifica su estructura o posicionamiento dentro de la organización o integrantes.	Baja: los equipos se ensamblan, implementan y deshacen a una velocidad extraordinaria.
Responsabilidad	Individual: cada persona se hace cargo exclusivamente de su ámbito de responsabilidad.	Colectiva: todos son corresponsables de los resultados del equipo.
Autonomía	Baja: los equipos ejecutan las órdenes de un líder dentro de un contexto altamente normalizado y protocolizado.	Alta: los equipos tienen un propósito y objetivos definidos, así como unas reglas del juego que les permiten manejarse con autonomía.
Toma de decisiones	Centralizada en el responsable del equipo que, en el mejor de los casos, escucha el punto de vista de los miembros.	Alta: los equipos tienen un propósito y objetivos definidos, así como unas reglas del juego que les permiten manejarse con autonomía.

Un equipo inteligente es un equipo que logra y mantiene el alto rendimiento sostenible

Un **equipo inteligente es aquel que genera los resultados para los cuales fue creado de manera regular y consistente porque dispone de mecanismos controlados por él mismo que hacen que esto sea así.** Dicho de otra manera, su éxito no depende del azar ni de circunstancias externas: lo crean sus integrantes gracias a las dinámicas de trabajo en equipo que han establecido y consolidado.

Un equipo inteligente requiere de dos condiciones irrenunciables para existir:

- **Resultados**, entendidos como su capacidad de alcanzar los objetivos para los cuales se creó. Matemáticamente hablando, estaríamos ante la «condición necesaria»: si no hay resultados, no hay alto rendimiento.
- **Relaciones**, entendidas como su capacidad de construir relaciones efectivas y de alto valor añadido. Las relaciones, de nuevo en lenguaje matemático, son la «condición suficiente» para pasar del alto rendimiento ocasional al alto rendimiento sostenible (sostenido en el tiempo).

La confianza es el pegamento de un equipo

Los cuatro factores que determinan la confianza de una persona en otra persona, en un equipo o en una organización, son:

- Competencia, entendida como «tengo los conocimientos y habilidades que se esperan de mí» para desarrollar mi cometido con un nivel alto de rendimiento.
- Transparencia, entendida como «digo lo que pienso» sin ambigüedad y sin ocultar información relevante.
- Confiabilidad, entendida como «hago lo que digo» en el tiempo y forma en la que me comprometí a hacerlo.

- Interés mutuo, entendida como «pongo por encima nuestros intereses a los míos».

Las toxinas del equipo

El gran enemigo de un equipo de alto rendimiento es la «toxicidad», entendida como aquellos comportamientos que, cuando están presentes, reducen los niveles de confianza y energía alejando a las personas entre sí. Nadie quiere tener al lado personas tóxicas y nadie da lo mejor de sí mismo cuando pertenece a un equipo tóxico.

La mayor parte de los enfoques que se utilizan para desarrollar equipos tienen la tendencia a poner el foco en las habilidades o competencias que dicho equipo debe incorporar. En mi experiencia trabajando con equipos, esto no sirve de nada si antes no has eliminado aquellos comportamientos que impiden la construcción de relaciones sanas que se basen en la confianza. Es como querer cultivar una huerta sin haber quitado antes las malas hierbas.

Hace años que está demostrado el impacto de la positividad en el rendimiento de equipos; para los más curiosos, les recomiendo recurrir a M. Losada («The Complex Dynamics of High Performance Teams», *Mathematical and Computer Modelling*, 1999) y B. L. Fredrickson (*What Good Are Positive Emotions?*, 1998). Por el contrario, los equipos tóxicos se caracterizan por la apatía, bajos niveles de rendimiento y alta rotación.

Otro aspecto curioso que he observado a lo largo de los años es que los miembros de un equipo tóxico perciben ese mal ambiente, se quejan de él y dan por hecho que es creado por alguien ajeno a ellos. Entonces ¿de dónde surge esa toxicidad? Muy sencillo: es cocreada por todos los integrantes de un equipo y, específicamente, por la manera en la que se comunican e interactúan entre ellos.

En virtud de los estudios de Frederickson y otros investigadores, la clave para aumentar la positividad y reducir la toxicidad en una relación está en la proporción de interacciones positivas frente a las negativas. Su recomendación es de cinco a una: cinco positivas por cada negativa.

Para profundizar en esto, vamos a apoyarnos en el trabajo realizado por John Gottman, investigador que ha pasado décadas estudiando los factores que llevan al éxito y al fracaso de los matrimonios. Su enfoque se ha utilizado con éxito para la construcción de relaciones en el mundo corporativo, porque se ha demostrado válido para cualquier tipo de relación entre seres humanos.

Gottman focalizó su análisis en identificar aquellos comportamientos que deterioran significativamente una relación, por convertirse en las interacciones negativas de mayor impacto. Los denominó los «cuatro jinetes del Apocalipsis»: crítica, defensa, desdén y amurallamiento.

Asimismo, trabajó en los «antídotos», cuyo objetivo es revertir el impacto de la toxina. Los comportamientos tóxicos encuentran sus raíces en la falta de poder. Puede resultar paradójico pero, cuando alguien está utilizando las toxinas, hay que empoderarles más, en vez de hacerles sentir que han perdido más poder todavía.

Hay dos tipos de antídotos: el del emisor (alternativa a la toxina) y el del receptor (respuesta a una comunicación tóxica). Veamos con detalle cómo funcionan.

Toxina 1: Crítica

La crítica aparece cuando culpamos y/o atacamos a una persona y la hacemos responsable de cómo nos sentimos a raíz de eso que ha ocurrido.

Es cierto que las personas se equivocan y hacen cosas que nos molestan. Ahora bien, no es lo mismo poner el foco en lo que la persona ha hecho que cuestionar a la persona en sí misma. Esa es la diferencia entre quejarse y criticar.

Por otro lado, las emociones que eso genera en ti son responsabilidad tuya. Exploraremos eso más adelante, en el apartado de comunicación efectiva.

Los antídotos para esta toxina se basan en el hecho de que, detrás de toda crítica/queja, hay una petición/deseo:

- Si eres el emisor: transforma tu crítica en una petición.

  Ejemplo: «Vas a lo tuyo, no me dijiste nada sobre esa reunión y es imprescindible para mí» puedes sustituirlo por «Me resulta muy útil para mi trabajo asistir a las reuniones de ventas, ¿podrías invitarme a todas las que organicéis?».

- Si eres el receptor: identifica la petición que hay detrás de la queja/crítica.

  Ejemplo: Si te dicen «No me dijiste nada sobre esa reunión y es imprescindible para mí», puedes responder con un «Lo siento, te incluiré en las próximas reuniones de ventas porque veo que es muy importante para ti». Si ante esta crítica te pones a la defensiva («No me dijiste que quisieras ir»), culpabilizas a la otra persona y le añades otra dosis de toxina a la conversación, lo cual agrava la situación.

  Hay que clarificar que una queja no es una exigencia, y que tienes todo el derecho a no concederla o a contraofertar. Ejemplo: «Lo siento, estas reuniones son exclusivas para el departamento de ventas. Esa es la razón por la cual no has sido convocado».

Toxina 2: Estar a la defensiva

La reacción defensiva es un tipo de ataque. En realidad, es una forma de culpabilizar a alguien. Esta toxina es muy dañina porque convierte al otro en responsable de tu realidad, y, evidentemente, nadie está dispuesto a asumir la responsabilidad de tu bienestar.

La persona que se comporta a la defensiva no entiende que parte de las cosas que le ocurren tienen que ver con él, no asume su rol de protagonista y se posiciona como víctima de los demás.

Los antídotos para esta toxina se basan en la asunción de la responsabilidad, posicionándose como protagonista de lo que está ocurriendo:

- Si eres el emisor: asume que puede haber un tanto por ciento mínimo de verdad en lo que te están diciendo.

  Ejemplo: «¿Me estás diciendo que siempre entrego tarde todo lo que me pides?» puedes sustituirlo por «Entiendo que he debido de entregar tarde algún informe en alguna ocasión que no recuerdo, y que eso te puede hacer dudar de mi confiabilidad».

- Si eres el receptor: aproxímate con preguntas orientadas a clarificar, tales como «Siento que no me he expresado bien, ¿podrías indicarme qué has entendido de lo que he comentado?».

Toxina 3: Desdén o desprecio

El desdén incluye todas aquellas maneras de comunicación que, bajo una aparente broma o metáfora, desprecian a la otra persona y la menoscaban. La ironía, el cinismo o el sarcasmo son formas de desdeñar a una persona; son mecanismos de comunicación muy peligrosos, ya que solo contribuyen a reducir la positividad de la relación.

El desdén surge de las conversaciones pendientes, y es fruto de haber estado macerando pensamientos negativos en una organización, equipo o personas. La gente que utiliza este tipo de comunicación siente que está demostrando inteligencia, habilidad verbal y hasta humor. Pocas veces son conscientes del daño que esto puede hacer a otra persona y a un equipo. Estamos ante la toxina más mortífera de todas.

Los antídotos para esta toxina se basan en la comunicación auténtica, desde la vulnerabilidad, expresando necesidades y emociones:

- Si eres el emisor: expresa con respeto aquello que te disgusta de la situación.

Ejemplo: «Parece que hay mucho trepa por aquí» puedes sustituirlo por «Cuando ocurre esto, tiendo a pensar que mis compañeros están dispuestos a hacer lo que sea por promocionarse en esta empresa. Eso me duele y me incomoda, me genera inseguridad».

- Si eres el receptor: confronta con curiosidad, con preguntas tales como «Me gustaría saber para qué has dicho esto, ¿qué necesitas exactamente de mí?» y hazle saber a la otra persona cómo te sientes cuando se comunican contigo así.

Ejemplo: «Cuando utilizas el sarcasmo me siento mal, ¿podemos hablar de este tema con más tranquilidad para que yo pueda comprender qué está pasando y cómo te puedo ayudar?».

Toxina 4: Amurallamiento

El amurallamiento consiste en levantar muros entre las personas que evitan la comunicación. Existe amurallamiento cuando hay ausencia de comunicación.

Incluye desde no decir lo que piensas hasta evitar cualquier interacción con un miembro del equipo. Suele ser la consecuencia de las tres toxinas anteriores.

Los antídotos para esta toxina se basan en la comunicación efectiva, porque requieren conversaciones valientes para reconducir una situación que está muy deteriorada. En ocasiones, requerirá la ayuda de un experto en gestión de relaciones, preferiblemente en el ámbito de altos ejecutivos.

- Si eres el emisor: identifica qué es aquello que está limitando tu capacidad de interactuar de manera positiva con el resto del equipo. Identifica tus «conversaciones pendientes» y sostenlas.
- Si eres el receptor: toma conciencia de qué toxina has podido inyectar en la relación para que alguien te amuralle. Identifica tus «conversaciones pendientes» y sostenlas.

TOXINA	ANTÍDOTO
CRITICAR/CULPABILIZAR	• Emisor: transforma tu crítica en una petición. • Receptor: identifica la petición que hay detrás de la queja.
DEFENDERSE	• Emisor: clarifica y asume tu parte de responsabilidad. • Receptor: escucha activa, clarifica lo que ha entendido, parafrasea y responsabilízate del impacto que generaste sin querer.
DESDÉN/DESPRECIO (sarcasmo, ironía, cinismo, etc.)	• Emisor: expresa tus sentimientos y necesidades. • Receptor: confronta y comparte el impacto que ese estilo de comunicación tiene en ti.
AMURALLAMIENTO	• Emisor: identifica y mantén tus conversaciones pendientes. • Receptor: toma conciencia de qué toxinas has podido inyectar en una relación y confróntalo.

Los antídotos de las toxinas del equipo requieren el mantenimiento de conversaciones que muchas veces nos resultan incómodas o que tendemos a abordar culpando al otro de la situación. Un poco más adelante, cuando exploremos el Modelo de Conversaciones Eficaces, es posible que encuentres recursos que te resulten útiles para sostener este tipo de conversaciones.

La gestión productiva del conflicto

Pasamos muchísimas horas en el trabajo. Normalmente tenemos mucho trabajo, poco tiempo, mucho estrés, irritación, etc., lo que limita nuestra flexibilidad y capacidad de ser empáticos, y esto es un caldo de cultivo perfecto para que la relación con los demás sea difícil y, en especial, con algunas personas.

El problema es que abordar mal un conflicto se traduce en sufrimiento y falta de efectividad. Ahora bien, si queremos, podemos abordar el conflicto de una manera productiva que se traduzca en un fortalecimiento de relaciones, y no en el deterioro de estas.

Podemos definir «conflicto» como «una situación en la que dos o más personas persiguen metas diferentes, defienden valores contradictorios, tienen intereses opuestos, o bien persiguen simultánea y competitivamente la misma meta, llegando a crear oposición o enfrentamiento».

El conflicto emerge por dos razones principales:

- Diversidad: es consecuencia directa de que diferentes personas observen la misma realidad desde perspectivas distintas.
- Mentalidad de escasez, en la que varias personas sienten que todas no pueden tener lo que desean porque es incompatible.

Ambas situaciones son bastante ordinarias y se dan con frecuencia; por lo tanto, ser capaces de gestionar el conflicto de manera productiva permitirá que este se convierta en una oportunidad o, al menos, que no reste energía necesaria al equipo que debería estar focalizada en la consecución de los objetivos para los que el equipo ha sido concebido.

Walton Re (*Interpersonal Peacemaking: Confrontations and Third Party Consultation* 1969) diferencia entre varios niveles de tensión o conflicto y establece dos posiciones extremas: armonía artificial frente a agresividad innecesaria. Ambos extremos son poco efectivos, puesto que uno ignora la existencia de un problema (armonía artificial) y, por consiguiente, no lo resuelve, y el otro tiene efectos dañinos para la organización porque perjudica las relaciones. Un nivel intermedio sería óptimo, ya que permite la exposición abierta del conflicto para que pueda ser confrontado por las partes implicadas y, al mismo tiempo, requiere el autocontrol para que estas expresen con respeto sus puntos de vista de modo que no se perjudique la relación a medio plazo.

En esta línea horizontal sobre grados de conflicto, podríamos distinguir tres posiciones principales:

- **Armonía artificial** (bajo nivel de tensión): conduce a ambas partes a la inactividad, la evitación, a descuidar información y a una baja gestión del conflicto, puesto que no perciben la sensación de urgencia ni la necesidad de actuar con determinación.
- **Conflicto productivo** (moderado nivel de tensión, cerca del punto ideal del conflicto): las partes buscarán e integrarán mayor información, considerarán un mayor número de alternativas y experimentarán un impulso más fuerte de mejorar la situación.
- **Agresividad innecesaria** (alto nivel de tensión): reduce la capacidad para percibir, procesar y evaluar la información. Esto produce interacciones agresivas y menos eficaces. Además,

solo se puede mantener en períodos cortos de tiempo: cuando es permanente, se fractura el equipo y se tiende a generar conflictos orientados a la relación. Adicionalmente, el nivel de tensión generado tiene un impacto fisiológico asociado a emociones intensas que precisan tiempo para recuperarse.

El reto es encontrar el punto ideal de conflicto en el que un equipo se beneficia del **conflicto productivo**, que es aquel donde se obtiene la mejor solución para todas las partes desde la autenticidad de todas las personas implicadas y con el máximo respeto a ellas.

La gestión del conflicto es situacional: estilos ante el conflicto

Si me preguntas cuál es la mejor manera de gestionar un conflicto, mi respuesta es clara: depende. La manera de encontrar el punto ideal de conflicto o conflicto productivo es única en cada situación. Hay ocasiones en que lo más productivo es evitar el conflicto, y otras en las que lo mejor es confrontarlo unidireccionalmente.

En la década de 1970, los psicólogos Kenneth W. Thomas, de la Universidad de California en Los Ángeles, y Ralph H. Kilmann, de la Universidad de Pittsburg, desarrollaron el test TKI (Thomas-Kilmann Instrument), que incluía treinta preguntas para determinar el patrón preferido de gestión de conflicto de cada persona. Argumentaron que las personas suelen tener un estilo preferido a la hora de resolver situaciones conflictivas, y que esto dependía de preferencias individuales por la cooperación y la asertividad. Identificaron cinco estilos principales de tratar conflictos, cada uno de ellos con ventajas e inconvenientes: evitación, cesión, compromiso, colaboración y confrontación.

Fuente: Gráfico adaptado del artículo «Conflict and Conflict Management» de Kenneth Thomas, incluido en *Journal of Organizational Behavior*, vol. 13, pp. 265-274, 1992.

Todas las personas tenemos un pasado que determina la manera en la que abordamos el conflicto. En función de la cultura en la que hemos sido educados, de nuestra situación familiar, de nuestras experiencias como niños y adolescentes, aprendemos a posicionarnos ante el conflicto de una forma diferente. Nuestro estilo personal de gestionar el conflicto deriva de la estrategia que mejor nos haya funcionado en el pasado, la hayamos practicado mucho y se haya convertido en un patrón automático que no tiene en cuenta las circunstancias.

Profundicemos en los cinco estilos principales para abordar el conflicto según Thomas-Kilmann:

- **Confrontación:** las personas que tienden hacia un estilo competitivo toman una posición firme y saben lo que quieren. Suelen operar desde una posición de poder, elaborada a partir de su rango, experiencia o capacidad de persuasión. Ante una urgencia, una medida impopular o situaciones de enfrentamiento basado en el egoísmo de una de las partes, puede resultar eficaz. Aplicado a situaciones menos perentorias, puede ocasionar resentimientos o insatisfacción. Es el estilo extremo de preocupación por las necesidades propias a costa de las de la otra parte. Resulta útil en situaciones de emergencia, donde alguien tiene muy clara la mejor manera de proceder (ejemplo: evacuación de un edificio o crisis con un cliente).

- **Colaboración:** la gente que tiende hacia este estilo trata de satisfacer las necesidades de todos los involucrados. Estas personas pueden ser muy asertivas, pero, a diferencia del estilo competitivo, saben cooperar eficazmente y reconocen que todo el mundo es importante. Este estilo es aplicable cuando se necesita reunir una variedad de puntos de vista para obtener la mejor solución, cuando ha habido conflictos grupales anteriores o cuando la situación es demasiado importante para un simple intercambio. Es el que Thomas y Kilmann definieron como de «ganamos todos», ya que es el método más integrado para solucionar los conflictos, dado que permite que ambas partes queden satisfechas. Resulta útil en situaciones donde tienes tiempo y deseas invertir en construir una relación a largo plazo (ejemplo: construcción de relación con un socio estratégico).

- **Compromiso:** las personas que prefieren un estilo comprometedor tratan de encontrar una solución que satisfaga a todo el mundo, al menos parcialmente. Se espera que todos (incluido el «comprometedor») renuncien a algo. Resulta útil cuando el coste del conflicto es muy alto, cuando oponentes de igual fuerza convergen en un punto muerto y/o cuando se avecina una fecha límite. Es la más sencilla de las estrategias, aunque normalmente conlleva que todas las partes queden insatisfechas.

- **Cesión:** este estilo indica una voluntad de satisfacer las necesidades de los demás a expensas de las propias. El estilo acomodador es muy cooperativo, pero carece de firmeza; a menudo sabe cuándo ceder, pero puede ser persuadido para entregar una posición incluso cuando no se justifica. El método es adecuado cuando la problemática afecta de manera importante a determinado individuo o grupo o cuando la paz es más valiosa que ganar. Suele ir acompañado de una tendencia a restar importancia a las cosas y/o a ceder ante los deseos de las otras partes.

- **Evitación**: consiste en evadir el conflicto por completo. Este estilo se caracteriza por la delegación de decisiones polémicas, aceptando las decisiones por defecto y buscando no herir los sentimientos de nadie. Puede ser apropiado cuando la victoria es imposible, cuando la controversia es trivial o cuando otro está en una mejor posición para resolver el problema. Sin embargo, en muchas situaciones resulta un enfoque débil e ineficaz. Lleva a retirarse del conflicto o a negar su existencia.

Los estilos de Thomas-Kilmann se constituyen también como estrategias diferentes de abordar una misma situación. Un equipo inteligente desarrolla la habilidad de utilizar la estrategia más adecuada en función de las circunstancias, y sus miembros aprenden a modular su estilo preferido para llegar al punto ideal de conflicto lo antes posible. Para esto, es esencial conocer nuestro estilo preferido y el de los miembros del equipo. Dominar este arte permite a un equipo encontrar soluciones y reparar relaciones de trabajo dañadas, respetando los intereses legítimos de los involucrados.

Conversaciones eficaces

Hemos explorado en profundidad aquellos aspectos más controvertidos de las relaciones en un equipo, como son las toxinas o la gestión productiva del conflicto. Disponer de las competencias necesarias para poder tener conversaciones productivas nos va a permitir eliminar toxinas, abordar el conflicto de manera eficaz, resolver problemas, encontrar soluciones y, en definitiva, construir relaciones de alto valor añadido que garanticen la consecución de resultados de forma recurrente.

La comunicación efectiva es imprescindible para desarrollar un equipo inteligente. Por ello, una parte de este libro se destina a compartir un modelo sencillo que puede ser aplicado por cualquier persona en un contexto tanto personal como profesional: el **Modelo de Conversaciones Eficaces**.

El Modelo de Conversaciones Eficaces es una estructura diseñada para llevar a cabo una conversación siguiendo una secuencia predeterminada que eleva las posibilidades de ser comprendido y de llegar a acuerdos con el interlocutor. Está inspirado en el Modelo de Comunicación No Violenta de Marshall Goldsmith y en el Modelo de Retroalimentación o *Feedback* D4 de Insights Discovery.

Las cuatro fases del modelo son: hechos, emociones, suposiciones y peticiones.

Exploremos las diferentes fases del modelo:

1. **Hechos:** presenta la situación que deseas tratar con la mayor objetividad posible. Los hechos deben ser expuestos sin elementos subjetivos, como opiniones o percepciones. Céntrate en los datos, en los hechos observables tal como los hubiese grabado una cámara, en lo que ha ocurrido realmente sin interpretaciones.

   Podemos tener una conversación para ponernos de acuerdo sobre los hechos, siempre que la otra persona aporte datos objetivos que complementen la información que tú presentas o que contradigan de manera objetiva tu planteamiento.

   El objetivo de esta fase es disponer de un terreno sólido y lo más real posible sobre el que desarrollar el resto de la conversación.

   Ejemplo: «En las últimas tres semanas hemos tenido dos reuniones. Has llegado más de diez minutos tarde a ambas, y tu participación se ha limitado a responder a preguntas que se te han realizado directamente».

2. **Emociones:** comparte con la persona cómo estos hechos te hacen sentir. Esto es del todo subjetivo y nadie puede contradecirlo porque son tus emociones y no es discutible. No se trata de realizar un discurso desgarrador y sí de expresar cómo te sientes a raíz de esos eventos: frustrado, confuso, molesto, desconcertado, triste, tenso, etc. Cuanto más amplio sea tu vocabulario emocional, mejor se te dará esta parte.

   Ejemplo: «Esto me desconcierta y me preocupa, por alguna razón me genera frustración e impotencia».

3. **Suposiciones:** comparte con la persona qué suposiciones, pensamientos e interpretaciones subjetivas vienen a tu mente a raíz de esta situación. Es muy importante que dejes claro que esto es lo que tú piensas y que eres consciente de que es una suposición y no una verdad, pero que necesitas que entienda qué cosas vienen a tu mente en estas situaciones.

   Tus suposiciones son tuyas y no son verdades absolutas; son subjetivas y están relacionadas con tu sistema de creencias y valores. Que tú lo pienses no significa que sea así.

   Ejemplo: «Ante estos hechos, yo tiendo a pensar que no estás comprometido con el equipo. No significa que eso sea así, pero quiero compartir contigo las conclusiones a las que llega mi cabeza cuando observo este comportamiento».

4. **Peticiones:** expresa lo que necesitas. Puede ser una pregunta si requieres más información o una petición directa si necesitas una acción por parte de la otra persona. Pon el foco en el futuro, oriéntate a la solución, dirígete a lo que quieres que ocurra.

   Ejemplo: «Me gustaría que me explicases tu punto de vista sobre este asunto. Y, en cualquier caso, quiero pedirte que hagas todo lo posible por llegar puntual a las reuniones y evitar que tus compañeros puedan interpretarlo como una falta de interés o de respeto. Asimismo, me gustaría que me dijeras cómo puedo ayudarte a que estés más participativo en las reuniones».

Este enfoque permite tener una «conversación completa» donde el otro entiende por qué le pides lo que le pides. Requiere tiempo porque hay que reflexionarla, planificarla y ejecutarla con calma.

Puede que no sea siempre necesaria, pero te aseguro que vas a llegar mucho más lejos que con esta intervención: «Últimamente siempre llegas tarde y no participas en las reuniones. Me preocupa tu falta de compromiso con el equipo, y me gustaría ver un cambio de actitud radical». Ante un planteamiento así, lo más normal es que la otra persona se sienta atacada, cuestionada y se ponga a la defensiva.

El Modelo de Conversaciones Eficaces puede aplicarse de muchas maneras y resultarte útil en muchas situaciones:

- Mantener una de esas «conversaciones pendientes» o «conversación complicada» que no sabes cómo abordar. Te permite ordenarte las ideas y tener una estructura que te ayuda a no perderte en la conversación.
- Analizar lo que te está ocurriendo en relación con una situación, y distinguir los aspectos objetivos de los subjetivos, para poder identificar qué necesitas del resto de los miembros del equipo.
- Escuchar los planteamientos realizados por otros, y ayudarlos a que separen hechos de sentimientos, de suposiciones y de necesidades.

En cualquier caso, te invito a probarlo y a practicarlo. Descubrirás que es una estructura muy útil para desarrollar relaciones sólidas con los miembros de tu organización.

Las cuatro claves para desarrollar un equipo de alto rendimiento sostenible

Podemos utilizar el Modelo de OI para ilustrar las cuatro claves que son necesarias para desarrollar Equipos Inteligentes, y que son las que permiten que este haga realidad sus dos condiciones: **resultados** («condición necesaria») y **relaciones** («condición suficiente»).

PROPÓSITO COMPARTIDO
(Largo plazo)

PERSONAS
(Individuo)

CONFIANZA

SISTEMA
(Colectivo)

EJECUCIÓN EMPODERADA
(Corto plazo)

Propósito compartido

Un equipo necesita definir y compartir un **propósito**, precisa de un «para qué» común que dé sentido a su existencia, así como de una dirección conocida y compartida por sus miembros que garantice que todos avanzamos hacia el mismo lugar. Dicho propósito deberá estar alineado con el de la organización y expresar su contribución a esta.

Para que este propósito cobre vida, el equipo debe definir una **visión a largo plazo** que exprese la proyección de aquello en lo que desea convertirse a cinco-diez años vista. Es fundamental definir una visión a largo plazo porque, si lo hacemos a corto, nada es posible. Sin embargo, a largo plazo, las posibilidades son inmensas, todo es posible.

Esa es la razón por la cual la mayor parte de las compañías están adoptando, a nivel estratégico, modelos, basados en un enfoque *zoom out-zoom in*, que consisten en definir una visión a diez-veinte años vista (*zoom out*) y luego elaborar un plan de acción detallado a seis-doce meses (*zoom in*), que considere lo que tenemos que hacer en el corto plazo para acercarnos a nuestra visión.

Por último, la visión debe articularse basándose en **prioridades estratégicas y objetivos** que aseguren el alineamiento del equipo en lo concreto y próximo.

Sistema (colectivo)

Un equipo es un sistema y, como tal, debe desarrollar la visión sistémica para poder tener una visión holística de su realidad. Los miembros del equipo necesitan ampliar el *zoom* hasta que los individuos se difuminen y emerja el sistema.

Un sistema requiere que se definan normas de funcionamiento a las que sus miembros puedan adherirse. Esto permite asegurar un sistema de gobierno que es conocido, compartido y respetado por todos, de modo que se eviten disfunciones y malentendidos innecesarios. En mi experiencia trabajando con consejos de administración y comités de dirección, la indefinición en este ámbito es la causa de la mayor parte de los problemas que existen en un equipo.

Estas reglas del juego deberán considerar varios aspectos:

- **Roles y responsabilidades:** definir quién hace qué y cómo los diferentes roles se relacionan entre sí.
- **Sistema de toma de decisiones:** definir el nivel de autonomía de cada miembro y qué tipo de decisiones son tomadas de una manera independiente, democrática o consensuada.
- **Reglas del juego:** conjunto de valores compartidos y comportamientos esperados de los miembros del equipo.

Ejecución empoderada

Una vez que un equipo dispone de un propósito compartido y funciona a nivel sistémico, los miembros del equipo saben hacia dónde hay que ir y cómo hacerlo. Esto les permite **ejecutar con autonomía y criterio** lo que se espera de ellos: en qué momento deben dar visibilidad a otros y qué decisiones deben tomar de forma autónoma o coordinada, o simplemente trasladar a otro porque no están bajo su ámbito de responsabilidad.

Esto no significa que todo vaya a salir bien a la primera. El **aprendizaje continuo** forma parte de la ejecución empoderada.

> Un equipo está en un proceso continuo de gestión
> y mejora de sus capacidades, para lo cual es esencial
> que celebre sus éxitos para anclarlos y que aprenda
> de sus errores para capitalizarlos.

Persona (individuo)

Al mismo tiempo que sostenemos la perspectiva sistémica, no debemos olvidar la perspectiva individual. Los equipos son personas, y son estas las que, por acción u omisión, cocrean la realidad compartida que se vive en un equipo.

Cada individuo es único y singular, tiene su propio sistema operativo, integrado por sus valores, creencias, emociones y patrones de comportamiento. Las relaciones efectivas emergen de la **confianza** y el **autoliderazgo**.

Un equipo inteligente comprende esto y trabaja el autoliderazgo para que cada uno de los individuos se conviertan en la mejor versión de sí mismos. Adicionalmente, desarrolla habilidades de **comunicación efectiva** para que puedan entretejerse las relaciones necesarias.

En un contexto de confianza (recordemos que este era el elemento esencial para construir un equipo inteligente), cuando un individuo se conoce, puede gestionarse y mostrarse a los demás como es. Esto, a su vez, permite construir relaciones eficaces, porque comprendemos a los demás, entendemos por qué hacen lo que hacen y podemos relacionarnos de una manera efectiva con ellos.

Caso de éxito: Google

Google llevó a cabo un proyecto denominado Aristóteles en el que, con la ayuda del equipo de People Analytics, se propusieron dar respuesta a la siguiente pregunta: «¿Qué hace que un equipo sea efectivo en Google?». Partían de la premisa de que, aunque existen una serie de elementos esenciales para disponer de un equipo de alto rendimiento, los atributos podrían variar en función de la organización, y querían saber cuáles eran las especificaciones de la suya.

Los principales hallazgos del estudio fueron reveladores:

- Los perfiles individuales que componen un equipo no son determinantes: Google descubrió que una combinación determinada de personalidades, estilos o experiencias pasadas de los miembros de un equipo no era relevante. En otras palabras, la diversidad en sí misma no generaba mayores niveles de efectividad.

- Lo que diferenciaba un equipo efectivo del resto es cómo se relacionan los miembros del equipo entre ellos: la existencia de los acuerdos adecuados era determinante, ya que equipos con personas individualmente brillantes fracasaban por su modelo de relación.

- Participación equivalente: la inteligencia colectiva emerge cuando todos los miembros del equipo hablan por igual en sus reuniones e interacciones. No es efectivo que un miembro o colectivo monopolice las sesiones de trabajo.

- Inteligencia interpersonal: los miembros del equipo son capaces de determinar el estado de ánimo de un compañero en virtud de su lenguaje corporal, tono de voz, etc.

Fuente: «What Google Learned From
Its Quest to Build the Perfect Team»
(Charles Duhigg, *The New York Times Magazine*,
25 de febrero de 2016).

6

Liderazgo Inteligente: de los arquetipos a la efectividad del liderazgo

> Hasta que tu inconsciente no se haga consciente, el subconsciente seguirá dirigiendo tu vida y tú lo llamarás «destino».
>
> CARL GUSTAV JUNG

Llevo más de veinte años trabajando en el mundo corporativo y no he tenido el gusto de encontrarme una palabra que genere más confusión que «liderazgo». La razón: todos tenemos una acepción individual de su significado que está muy ligada a los valores y educación que hemos recibido. Eso genera muchas conversaciones y discusiones innecesarias sobre si una persona es líder o no (típico debate de clase de escuela de negocio sobre si Hitler era o no era un líder) o sobre los atributos de un buen líder.

Así que, antes de adentrarnos en el capítulo, vamos a profundizar en el significado del término.

Debido a que el liderazgo comenzó a estudiarse sistemáticamente en un contexto militar para elevar el rendimiento de los ejércitos, sin ser conscientes hemos heredado la versión vinculada a «hacer que las cosas pasen dirigiendo a una milicia», y por eso parece que al término «líder» se le ha asignado automáticamente la palabra «equipo». Pero no tiene por qué ser así.

Aunque puedes encontrar textos que vinculan el origen de «líder» a una raíz latina, lo cierto es que el significado que nosotros le damos está ligado a la palabra inglesa *leader*, que significa «el que guía, el que conduce». Su etimología proviene del inglés medio *leden*, que a su vez proviene del inglés antiguo *laeden*, que a su vez encuentra su raíz en el indoeuropeo *leit*, que puede traducirse como «avanzar o ir hacia delante».

Partiendo de esto, una definición coloquial de «liderazgo» es «hacer que las cosas pasen». Y así es como el Modelo de OI entiende el liderazgo, porque lo vincula a la capacidad que tenemos las personas de transformar nuestra realidad. Recuperamos la esencia del término («avanzar») y **definimos líder como «aquel que toma la delantera para ser un pionero, con o sin equipo a cargo».**

En esta misma línea, el filósofo Hugo Landolfi define liderazgo como: «El ejercicio manifestativo de las actualizaciones y perfeccionamientos de un ser humano, denominado *líder*, quien por su acción se coloca al servicio del logro, a través de una misión, de uno o varios objetivos propuestos por una visión. Dicha visión debe alinearse y subordinarse necesariamente al bien último del hombre» (*La esencia del liderazgo*, 2016).

En este sentido, encontraremos líderes a cargo de un equipo de trabajo o sin equipo de trabajo, aunque lo que prácticamente siempre será consecuencia del ejercicio del liderazgo será la existencia de seguidores, entendidos como personas que, identificadas con el movimiento que encabeza una persona, siguen sus pasos y apoyan sus iniciativas.

En el capítulo anterior ahondamos en la relación entre estrategia y cultura, y ahora se hace necesario comprender la relación existente entre cultura y liderazgo:

- **Cultura y liderazgo son las dos caras de la misma moneda.** Los líderes conforman la cultura cuando crean grupos y organizaciones. Una vez que la cultura está definida, se vuelve autónoma y determina los criterios de liderazgo que decidirán quién será y quién no será líder de la organización.
- Pero, cuando algún elemento de la cultura es disfuncional, los líderes deben identificar esa brecha y gestionar la evolución cultural para volver a la sintonía estrategia-cultura de manera que la organización pueda sobrevivir en un entorno cambiante.

¿Dispone tu organización de la efectividad del liderazgo que necesita para identificar la brecha cultural y cerrarla a tiempo?

En este capítulo vamos a profundizar en el Liderazgo Inteligente, que se focaliza en la efectividad del liderazgo como palanca que impulsa a una OI.

Nuevos paradigmas: la efectividad del liderazgo

Tradicionalmente hemos asociado **liderazgo** con, al menos, una de estas cosas:

- Persona de referencia que tiene una serie de características que la convierten en una especie de héroe o heroína y, como tal, se convierte en un modelo de referencia para las personas que desean progresar y tener éxito. La lista de «héroes de referencia a los que copiar» es muy diversa, e incluye personajes como Alejandro Magno o Steve Jobs, pasando por Marie Curie, Nelson Mandela, Margaret Thatcher y Rafael Nadal.
- Posición dentro de una organización que tiene personas a su cargo. Esta asociación vincula el liderazgo con roles organizativos y puestos de trabajo concretos que normalmente llevan asociados el título de director, gerente o supervisor.

Estas asunciones conscientes e inconscientes son tremendamente perversas para la sociedad y, en especial, para las organizaciones, porque la mayor parte de los mortales ni tienen posiciones de dirección ni son Nelson Mandela.

Nos hemos quedado con la superficie (personaje o rol) y se nos ha pasado por alto la esencia, que viene determinada por la capacidad que subyace al éxito de los personajes anteriormente mencionados o a la expectativa que tenemos de las personas en las que se confía para determinadas posiciones: **la capacidad de liderar con efectividad tu realidad.**

Esto no solo es un derecho y un deber de todas y cada una de las personas, sino que, además, está al alcance de todos porque todos tenemos una realidad que gestionar y de la que hacernos cargo. La recepcionista, el estudiante de la ESO y el consejero delegado de una compañía tienen una realidad de la que ocuparse, les guste o no, una realidad de la que son los últimos responsables y sobre la cual pueden y deben actuar.

Este nuevo paradigma implica **pasar de un «enfoque binario» del liderazgo (líder SÍ o NO) a un «enfoque continuo», donde todos somos líderes, y el interrogante se sitúa en tu gradiente de efectividad como líder.** Eso implica que habrá personas muy efectivas, medianamente efectivas o muy poco efectivas como líderes, pudiendo graduar la escala tanto como se considere adecuado.

Podríamos definir el concepto de **«efectividad del liderazgo»** como **la capacidad de una persona de transformar sus intenciones en realidad, de modo que esta se posicione como líder (o protagonista) de la misma.** Este enfoque permite **democratizar y desmitificar el liderazgo,** y lo convierte en una capacidad al alcance de todos.

La investigación realizada por Bob Anderson (*The Leadership Circle*) muestra con rotundidad que la efectividad del liderazgo se correlaciona positivamente con el rendimiento empresarial, y tiene un impacto estimado de alrededor de un 40 % en los resultados de una organización.

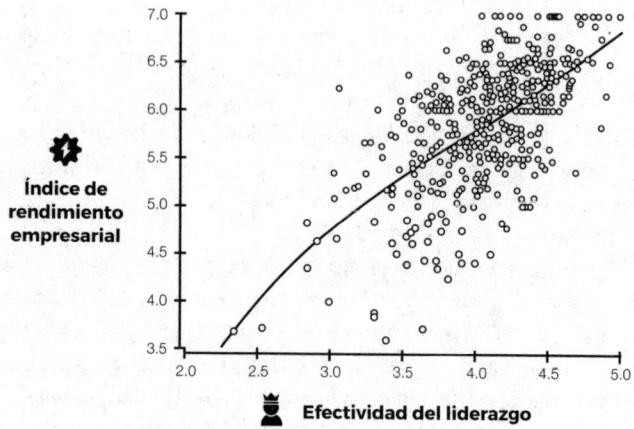

Fuente: «The Leadership Circle and Organizational Performance», de Bob Anderson.

El ROI (o retorno de inversión) del liderazgo

Una cosa que no deja de llamarme la atención es la discrecionalidad con la que las compañías analizan y deciden sus inversiones. En determinadas iniciativas, se es extremadamente escrupuloso con el análisis y, en otras, se gasta el dinero impunemente sin jamás evaluar si se obtuvo el retorno esperado del mismo.

Estaba reunida con un cliente evaluando diferentes estrategias para hacer evolucionar la cultura de su organización, y así acelerar el proceso de transformación digital en el que están inmersos, y surgió el debate sobre si era o no adecuado invertir en el desarrollo del liderazgo de directivos y mandos intermedios para posicionar a estos como palanca clave del proceso de cambio. Tengo que ser franca y confesar que estas conversaciones ya me aburren, y es que la relación entre liderazgo y resultados empresariales está tan superada con respecto a la literatura y la investigación que seguir «evangelizando» al respecto es bastante descorazonador.

Esta vez decidí abordar el tema de una manera diferente y le pedí a mi cliente que hiciese un cálculo de cuánto invertía su empresa en mantener los dos primeros niveles jerárquicos de su organización, incluyendo sueldo fijo, sueldo variable, seguridad social, vehículo de empresa, beneficios sociales, viajes, etc. Cuando tenía la cifra aproximada, que por cierto era escalofriante, le pregunté: «¿Podrías decirme cuál es el ROI de esa inversión?». Fue entonces cuando mi cliente me miró con una de esas caras que no sabes muy bien si va a empezar a reír, a llorar o a mandarte a paseo.

Y es que una de esas grandes inversiones que las compañías hacen sin control de su retorno es en directivos y mandos intermedios, y lo más triste es que existe la creencia de que no se puede medir directamente. El ROI de esta inversión es equivalente a la **efectividad del liderazgo**, y la buena noticia es que existen herramientas validadas por estadísticas que permiten medir de manera sencilla dicha efectividad tanto de un individuo, de un equipo, como de una organización, de modo que, si tu efectividad es inferior a 1, el ROI es negativo. O, dicho de otra forma, a una organización le cuesta dinero tener directivos, mandos intermedios o equipos cuya efectividad del liderazgo sea inferior a 1.

Este es un momento de tensión para muchos lectores, puesto que disponer de esta información puede poner en evidencia carencias sobre nuestra organización o sobre nosotros mismos que preferimos no ver. Seguro que, en este momento, hay más de uno aterrorizado, pensando que casi es mejor no abrir ese melón, no vaya a ser que nos encontremos con algo que no nos guste. Y aquí es donde viene la segunda buena noticia: todo lo que se puede medir, se puede mejorar (lo siento si eres uno de esos que piensa que el liderazgo es una especie de don que te cae como la lengua de Pentecostés). Por supuesto que se puede mejorar la efectividad del liderazgo, siempre y cuando tengas un diagnóstico realizado con rigor metodológico que te permita saber dónde estás y un deseo real de cambiar como individuo, como equipo o como organización.

La dinámica de la efectividad del liderazgo

Llegados a este punto, espero haberte generado la suficiente curiosidad como para que te estés preguntando: «Y eso de la efectividad del liderazgo... ¿cómo funciona?». Una definición sencilla sería esta: **efectividad del liderazgo es la capacidad de una persona de transformar sus intenciones en realidad, de modo que este se posicione como líder (o protagonista) de esta.**

Para transmitirte de manera sencilla las dinámicas vinculadas a la efectividad del liderazgo, me gustaría utilizar el siguiente diagrama:

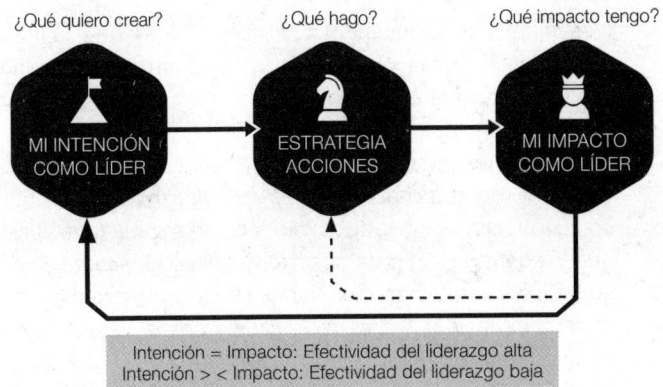

¿Qué quiero crear? ¿Qué hago? ¿Qué impacto tengo?

MI INTENCIÓN COMO LÍDER → ESTRATEGIA ACCIONES → MI IMPACTO COMO LÍDER

Intención = Impacto: Efectividad del liderazgo alta
Intención > < Impacto: Efectividad del liderazgo baja

Elementos clave de la efectividad del liderazgo

Hay tres elementos clave de la efectividad del liderazgo: intención, acción e impacto.

- **Intención:** todos tenemos intenciones, deseamos tener un impacto, queremos conseguir cosas, alcanzar objetivos, etc. El ser humano proyecta consciente e inconscientemente realidades futuras deseadas a largo, medio y corto plazo. Proyectamos intenciones sin parar: cuando vamos a una reunión con un cliente o con nuestro jefe, cuando empezamos una relación de pareja, cuando nos incorporamos a una nueva empresa o cuando pensamos en nuestra jubilación.

- **Acción:** para hacer realidad nuestras proyecciones, realizamos acciones. A veces, estas acciones adquieren la categoría de estrategia si el plan definido es amplio y complejo. Igual que con las intenciones, hay acciones y comportamientos que son elegidos y conscientes, y otros muchos son patrones y reacciones inconscientes que hacemos sin elegirlo. Todos tenemos ese «conjunto de programas» que funcionan en piloto automático y que están tremendamente conectados a nuestros valores, modelos mentales y creencias, y que se manifiestan en acciones y reacciones que, en muchas ocasiones, nos resultan muy útiles y que, otras veces, nos juegan malas pasadas.

- **Impacto:** estas estrategias, planes y acciones tienen un impacto en nuestro entorno. A veces es un impacto muy tangible y objetivo (resultados) y otras veces es intangible (percepción que los demás tienen de nosotros, motivación, *engagement*, etc.). En ocasiones logramos el impacto deseado (equivalente a nuestra intención) y otras veces generamos lo que podríamos denominar como «impactos no deseados».

> La efectividad del liderazgo se determina por la capacidad de una persona de transformar sus intenciones en impactos: cuando mi intención es igual a mi impacto, mi efectividad de liderazgo es alta. Cuando mi intención es diferente de mi impacto, mi efectividad de liderazgo es baja.

Este proceso se produce de manera automática cada día, en nuestro entorno profesional y personal. Tenemos intenciones conscientes e inconscientes, queremos crear cosas, queremos conseguir cosas. Y tenemos un impacto; a veces lo conocemos y otras veces no.

Tenemos «puntos ciegos» que nuestro entorno no tiene

En general, somos conscientes de nuestras intenciones. No obstante, muchas veces nuestro comportamiento surge de un modo tan automático o reactivo que no somos conscientes de cómo hemos hecho algo exactamente (como cuando llegas a un sitio en coche y no sabes ni por dónde has ido), y muchas veces desconocemos el impacto que lo que hacemos tiene en otros (como cuando dices algo que molesta a alguien y ni te has dado cuenta). Por el contrario, las personas que nos rodean pueden ver nuestro comportamiento y nuestro impacto, aunque desconocen nuestras intenciones. Eso genera una dinámica de relación compleja que nos lleva a juzgarnos a nosotros mismos por nuestras intenciones, y a los demás por sus acciones e impacto de estas en nosotros. En el gráfico adjunto puedes observar esta realidad de un modo esquemático:

	INTENCIÓN	ACCIÓN	IMPACTO
YO	✓	?	?
OTROS	?	✓	✓

La clave para convertirte en un líder efectivo está en manejar con maestría la dinámica intención-acción-impacto.

Ser un líder efectivo es posicionarte como protagonista de tu realidad

Esta nueva aproximación al liderazgo **permite democratizar y desmitificar el liderazgo**; no solo asume que todos somos líderes, sino que parte de la premisa de que la única manera de mejorar la efectividad del liderazgo es: «Hacer, hacer, hacer».

Esto no son necesariamente buenas noticias para todos, porque muchas veces es más sencillo responsabilizar a otros de lo que nos ocurre en la vida que hacernos cargo de ella. Hace años tuve un jefe que, constantemente, repetía una frase que había aprendido de su padre: **«Felices los que sueñan sueños, y están dispuestos a pagar el precio de convertirlos en realidad»**. Esa frase me marcó en su momento y me ha llevado a varias reflexiones vinculadas al liderazgo y que son inherentes al concepto de efectividad de liderazgo:

- Las personas somos responsables y, por lo tanto, causa de lo que nos ocurre. Y a la inversa, también somos responsables de lo que nos gustaría que nos ocurriese y no nos ocurre.
- Una persona puede proponerse una visión u objetivo tan ambicioso como desee y trabajar para conseguirlo. Asimismo, debe tener en cuenta cuán factible es y el «precio» que implica conseguirlo.
- Si no eres parte del problema, no puedes ser parte de la solución.

Resumiendo: se nos empiezan a quitar las ganas de ser líderes cuando comprendemos que ser líder implica dejar de delegar tu vida a otros. Si, por el contrario, eres de los que quiere tomar las riendas de su vida, sigue leyendo...

La Escalera de la Responsabilidad Personal

Un modelo muy útil para ayudarnos a realizar el cambio mental que nos permite pasar de víctimas a protagonistas es la Escalera de la Responsabilidad Personal, que es un enfoque adaptado del modelo *The Ladder of Inference* (Chris Argyris, Peter Senge y William Isaacs).

Nos permite identificar cómo nos estamos posicionando ante cualquier situación que nos está ocurriendo, y cuál es el siguiente paso para elevar nuestro nivel de protagonismo o responsabilidad personal. Nos permite pasar de objeto a sujeto, y esto eleva nuestras opciones de hacer algo para que una situación que no nos gusta no se vuelva a repetir, para extraer aprendizajes de nuestras experiencias, para generar opciones y alternativas que nos permitan solucionar un problema o superar un reto.

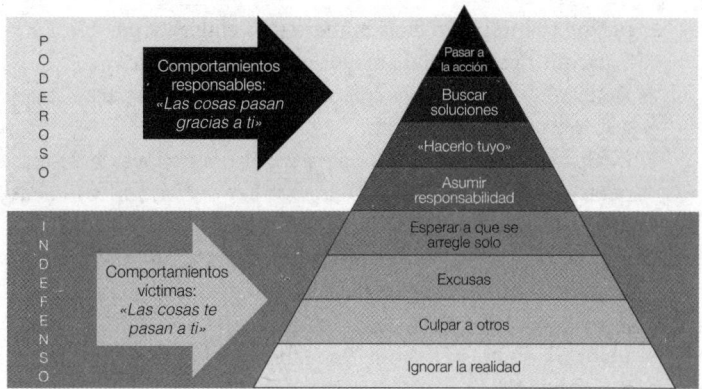

Este enfoque se basa en la famosa frase de «Solo cuando eres parte del problema, puedes ser parte de la solución», y te permite actuar tras comprender que has contribuido directa o indirectamente a lo que te está ocurriendo, sobre todo porque te está ocurriendo a ti.

Es muy importante normalizar el hecho de que todos nos posicionamos como víctimas, ignoramos realidades que no nos gustan hasta que son demasiado evidentes para obviarlas, culpamos a otros, buscamos excusas, etc.: somos seres humanos y hacemos esto. Asimismo, si queremos elevar nuestra efectividad como líderes, debemos reconocer la ineficacia de estas posiciones y subir por la escalera lo más rápido posible.

Identificar en qué peldaño estás es esencial para pasar rápidamente a la siguiente fase; a veces nos quedamos mucho tiempo en un peldaño, otras veces lo subimos muy rápido.

¿Cómo elevar la efectividad de mi liderazgo?

Para mejorar tu efectividad como líder, debes convertirte en un maestro de la dinámica descrita antes, y hay cuatro pasos clave:

1. **Define tu intención de la manera más concreta posible**. Esto te permitirá evaluar con mayor precisión tu impacto.
2. **Determina las acciones que vas a llevar a cabo para conseguirlo** y ponlas en marcha.
3. **Evalúa tu impacto**. Busca datos, indicadores clave de desempeño o de gestión (KPI, acrónimo de *key performance indicator*) y *feedback* que te permitan determinar tu impacto objetivo y subjetivo. Esto te permitirá comparar tu intención con tu impacto y determinar tu efectividad como líder para este objetivo concreto.
4. **Pivota**: si tu impacto es el deseado, sigue haciendo lo mismo. Si tu impacto no es el deseado, cambia tus acciones y prueba algo diferente. ¿Hasta cuándo? Hasta que te salga.

Te aseguro que, si prácticas conscientemente este modo de operar en la vida, elevarás de manera significativa tu efectividad como líder y aumentarás de forma considerable tu probabilidad de conseguir aquello que te propones. No por arte de magia, sino porque en el proceso se activan tres mecanismos críticos para el éxito:

- Tus metas serán conscientes y concretas, lo que facilitará el que te dirijas hacia ellas.
- Aumentarás el conocimiento de «tu sistema operativo»: sabrás qué, cuándo, cómo y por qué te funcionan diferentes estrategias, y cada vez afinarás mucho más.
- El proceso te obliga a poner la atención en lo que sí puedes hacer diferente cuando las cosas no funcionan como esperabas. Es una manera de ser y estar orientada a la solución, y no al problema. Esto te posiciona como director y protagonista de tu realidad, y te aleja de las excusas y argumentos que te posicionan como víctima.

Ahora te toca decidir si quieres ser un líder efectivo que toma las riendas de su vida con **dirección, determinación y disciplina**. Si eliges sí, ánimo, es un camino apasionante en el que no siempre sale todo bien a la primera, en el que siempre aprendes y en el que, si persistes, te garantizo que consigues cosas que jamás pensarías que podrían estar a tu alcance. ¿Sabes por qué? Porque descubres el poder de algo tan sencillo como «hacer, hacer, hacer» con intención y calibración de tu impacto

Las cuatro mentalidades del líder del siglo XXI

El siglo XX se ha caracterizado por modelos organizativos mecanicistas basados en una cadena de valor lineal que entregaba un producto o servicio determinado a un segmento de clientes o consumidores específico. Esto era posible en un contexto donde puedes planificar y controlar lo que hace tu organización, porque a su vez puedes predecir con bastante precisión el futuro a medio y largo plazo.

El siglo XXI requiere una «mentalidad biológica» que reconozca que las organizaciones son sistemas abiertos constituidos por elementos interdependientes y que interactúan de manera continua con otras organizaciones, produciéndose millones de interacciones de forma simultánea con elementos que, técnicamente, están «fuera de la organización».

La actividad económica actual está configurándose en ecosistemas complejos integrados por redes de compañías y profesionales interconectados que están muy lejos de los modelos rígidos y estancos del siglo pasado. Claros ejemplos del éxito de este modelo organizativo son Amazon, Alibaba, Uber, Cabify, Airbnb o Wikipedia. Asimismo, muchas compañías «tradicionales» como General Electric, P&G o Phillips han activado el modelo de ecosistemas especialmente en aquellos ámbitos vinculados a la innovación y desarrollo de nuevos productos y servicios, creando redes que interconectan *startups*, *freelances* e instituciones académicas, entre otros.

Pero ¿por qué son tan exitosos estos modelos?, ¿cuál es exactamente el poder de los ecosistemas? Hay dos elementos que constituyen la base de su ventaja competitiva:

1. Combinan información y capacidades de diferentes integrantes, lo cual eleva su efectividad colectiva a la hora de explorar nuevos caminos y aprender cómo tener éxito en el mercado en el que operan.

2. Facilitan el desarrollo acelerado de soluciones que dan respuesta a oportunidades que no pueden ser anticipadas en un entorno VUCCA (recordemos: Volátil, Incierto [*Uncertain*], Caótico, Complejo y Ambiguo). Su capacidad de respuesta al mercado es ágil y oportuna.

Sin embargo, para poder capitalizar los beneficios de un ecosistema, es necesario desarrollar modelos organizativos flexibles y dinámicos. Un ecosistema no funciona en un entorno de planificación, *reporting* y control. Necesita una fórmula que integre una cultura de responsabilidad y autonomía con procesos flexibles y ágiles. Esta combinación permite responder eficazmente a oportunidades, riesgos y necesidades que emergen de repente.

Liderar en el siglo xxi requiere aceptar está realidad, requiere comprender que las empresas forman parte de sistemas complejos que operan en mercados cuya evolución es impredecible. Para operar con éxito en este nuevo escenario, es imperativo posicionarnos de una manera diferente y desarrollar lo que he denominado «las cuatro mentalidades del líder del siglo xxi»:

- **Mentalidad de explorador:** observar con curiosidad y sin prejuicios nuestra organización y su entorno es fundamental para reconocer las claves que nos van a permitir adaptarnos y sobrevivir con éxito.

- **Mentalidad de aprendiz:** aceptar que nuestro conocimiento actual es insuficiente y que debemos adoptar una actitud de aprendizaje continuo es esencial. Desaprender para aprender es algo muy difícil para adultos educados bajo un modelo donde terminas de aprender cuando finalizas tus estudios universitarios, o cuando ocupas una posición gerencial o directiva porque eso es sinónimo de que «sabes suficiente».

- **Mentalidad de investigador:** la resiliencia (definida por la Real Academia Española como la «capacidad de adaptación de un ser vivo frente a un agente perturbador o un estado o situación adversos») es clave para gestionar los resultados de un entorno incierto en el que es muy posible que las cosas no funcionen a la primera. Para esto es fundamental acercarse al fracaso desde la mirada apreciativa, preguntándose: ¿qué he aprendido? Las decisiones acertadas son fruto de la experiencia, que a su vez es fruto de los errores cometidos en el pasado.

- **Mentalidad de conector:** disponer de los socios adecuados es crítico para constituir un ecosistema, y en este sentido es muy importante alinear a los integrantes de un ecosistema en torno a un propósito y visión compartidos. Asimismo, desarrollar relaciones de alto valor añadido es una habilidad que se tornará esencial para poder sostener el día a día de las interacciones entre los miembros de la red.

Mentalidad de líder del siglo XXI

Mentalidad de explorador · Mentalidad de aprendiz · Mentalidad de investigador · Mentalidad de conector

7

¿Cómo desarrollar una Organización Inteligente?

> El secreto del éxito: deja de desear y empieza a hacer.
>
> STEVE JOBS

El propósito del presente capítulo no es desarrollar una metodología completa de intervención, sino proporcionar una guía de actuación que permita identificar las acciones clave para desarrollar una organización inteligente.

Utilizaremos la propia estructura del Modelo de OI para diseñar un plan de desarrollo. Hay tres fases esenciales que debemos abordar en cualquier proceso de transformación y desarrollo de una organización:

1. **Observar para comprender:** conocer la historia y el contexto de la organización que quieres transformar es fundamental para poder definir un proceso que se ajuste a la realidad de dicha organización.

2- **Diagnosticar para priorizar:** una vez que sabes dónde estás, lo siguiente es determinar por dónde empiezas. Identificar las prioridades de actuación permite focalizar los esfuerzos en aquellos aspectos que son críticos para la estrategia de la organización y que van a hacer la diferencia. Para estos exploraremos las cinco dimensiones del modelo: confianza, transformación, efectividad, relaciones y *engagement*.

3. **Hacer, hacer, hacer:** ahora que las prioridades de actuación están determinadas, solo queda pasar del plan a la acción. Y esto, que parece sencillo, en mi experiencia es donde los pro-

cesos de cambio se atascan. Para lograr un cambio sostenible debemos realizar intervenciones a diferentes niveles: cultura, equipos y liderazgo. Esta es la razón fundamental por la cual el modelo identifica cultura, equipos y liderazgo como las palancas que permiten el desarrollo de una organización.

Volvamos a recordar el gráfico del capítulo 3:

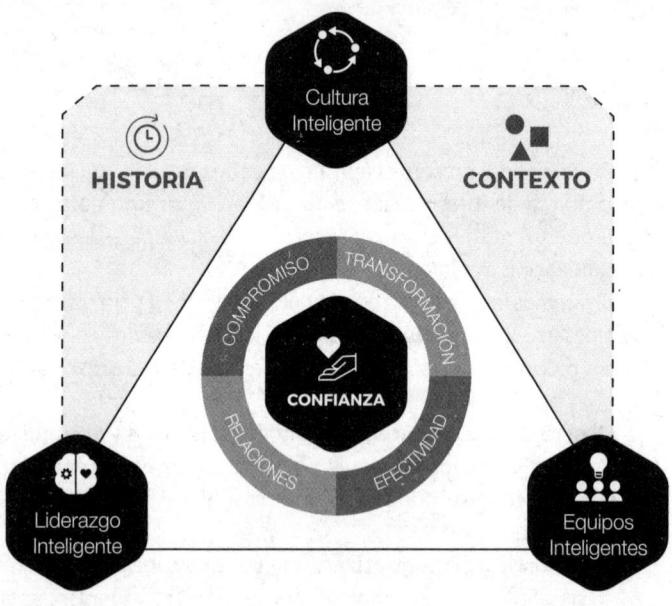

A continuación, vamos a profundizar en cada una de estas fases, y también facilitaré algunas herramientas para poder abordarlas, inspiradas en metodologías visuales. Soy fan de este tipo de estructuras gráficas porque permiten a los dos hemisferios cerebrales trabajar de una manera integrada sin esfuerzo, y se prestan muy bien a procesos de cocreación, en los que podemos poner a muchas personas a trabajar conjuntamente.

En este sentido, compartiré algunos de los lienzos (*canvas*) que me parecen más interesantes y útiles en procesos de transformación y desarrollo de organizaciones. Un lienzo es una herramienta visual que utiliza una estructura gráfica para explorar y/o diseñar un contexto concreto. Puede aplicarse a diferentes ámbitos: modelo de negocio, equipo de trabajo, etc. Su poder radica en su simplicidad y en que sirve como una especie de *checklist* (lista de comprobación o de control) que hace que no se te olvide ninguno de los elementos esenciales que deben ser tenidos en cuenta en el ámbito objeto de análisis.

Independientemente de que puedan ser utilizados como una estructura para la reflexión individual, mi sugerencia es que se usen para sesiones de trabajo con un equipo o para procesos de inteligencia colectiva diseñados para grupos grandes (más de cincuenta personas).

La implicación de personas en los procesos de cambio tiene múltiples beneficios que ayudan a acelerar y facilitar la implantación de cualquier tipo de transformación. Todo aquel proceso que ha sido explorado y/o diseñado en colaboración con otras personas no solo genera alineamiento, sino que, además, acelera y facilita de manera exponencial la implantación de cualquier iniciativa de cambio.

Idea: sesión de cocreación con un lienzo (*canvas*)

Propósito: elaborar un *canvas* que sirva para explorar una situación actual o definir una situación futura.

Materiales:
- Lienzo para explorar en un formato grande (tamaño A0) que pueda ser colgado en la pared y que esté visible para todos los participantes
- Pósits de colores
- Rotuladores

Idea: sesión de cocreación con un lienzo (*canvas*)

Dinámica de la sesión:

- Comparte con los participantes el propósito de la sesión, el contexto dentro del cual tiene sentido realizarla, su estructura y duración estimada, etc., de modo que dispongan de la información necesaria para poder participar de manera proactiva en la misma.

- Presenta el lienzo elegido explicando sus diferentes apartados y clarifica cualquier duda que pueda surgir sobre los mismos. En aquellos aspectos donde no exista claridad suficiente, facilita una conversación entre el grupo que os ayude a concretar aquello que necesitáis para seguir avanzando.

- Facilita un proceso de cocreación colectiva para cada uno de los apartados del lienzo, de acuerdo con la siguiente metodología:

  - Reflexión individual: solicita a los participantes que reflexionen individualmente y que anoten en los pósits las ideas y cuestiones que les surjan. Recuerda que es importante que haya una idea por cada pósit, para que luego podamos agrupar ideas similares moviéndolos.

  - Compartir ideas: pide a los participantes que compartan sus ideas y que sitúen los pósits en el apartado correspondiente del lienzo.

  - Facilita la conversación y agrupa aquellos pósits que contengan ideas similares.

  - Añade pósits con ideas que puedan surgir en la conversación y no hayan sido reflejadas por algún participante.

  - Resume las conclusiones finales y pasa a otro apartado del lienzo.

- Realiza un resumen del lienzo una vez que este ha sido completado, involucrando a los participantes; funciona muy bien que cada uno de ellos se ocupe de un apartado.

Idea: sesión de cocreación con un lienzo (*canvas*)

- Genera una exploración colectiva a través de preguntas que promuevan el aprendizaje y/o que orienten a la acción, tales como:
    - ¿Qué os sugiere todo esto?
    - ¿Qué dice de nosotros esto que estamos viendo?
    - ¿Cuál sería el siguiente paso?
    - ¿Qué tres iniciativas son clave para hacer realidad este lienzo?
    - ¿En quiénes nos tenemos que convertir para hacer esto realidad?
    - ¿Qué debemos dejar de hacer?

En función del número de participantes, podéis trabajar todos en el mismo lienzo, u organizaros por grupos de ocho o diez personas y, luego, compartir vuestras conclusiones para integrarlo en un lienzo común.

Paso 1: Observar para comprender

La historia: ¿De dónde vengo como organización?

Tal como hemos visto en el capítulo 3, explorar nuestro pasado nos permite comprender nuestro presente e identificar elementos clave de una organización, como son: patrones recurrentes de comportamiento, lo que hace muy bien (sus fortalezas), errores que comete de manera recurrente (sus debilidades), cómo reacciona ante el éxito y el fracaso, creencias y valores compartidos, etc.

Observar todo esto con perspectiva desde el momento actual nos ayuda a comprender y a disponer de información de partida esencial para diseñar un proceso de cambio.

Para abordar este proceso, vamos a utilizar el lienzo de la historia de la organización. Como todos los lienzos, puede utilizarse para un ejercicio de reflexión individual, aunque este es especialmente poderoso si se realiza en grupo porque tiene la capacidad de «poner a todo el mundo en la misma página del libro» o lo que técnicamente se entiende como «alineamiento en tiempo presente». El hecho de que un equipo implicado en un proceso de cambio comparta el mismo punto de partida ahorra mucho tiempo, evita malentendidos, reduce los conflictos innecesarios y permite abordar las fases de diseño con mucha agilidad.

Lienzo de la historia de una organización ....

LIENZO DE LA HISTORIA DE UNA ORGANIZACIÓN

Su propósito es volver a escribir la historia de una organización para comprender su evolución, aprendiendo lecciones del pasado y recogiendo *insights* (es decir, un momento de comprensión intuitiva y penetrante sobre un problema complejo) poderosos para el futuro.

¿Cómo elaborar el lienzo de la historia de una organización?:

1. Cada participante identifica los hechos más relevantes de la historia de la organización, que conoce porque se la han contado o porque la ha experimentado personalmente. Cada hecho relevante se anota en un pósit.

2. Los participantes sitúan los pósits en el lienzo teniendo en cuenta dos variables: momento cronológico (año en el que ocurrió) y percepción subjetiva del mismo, distinguiendo entre momento estelar (aquel en el que se sentían en plenitud con su trabajo y la empresa, y la energía vital de la organización era alta), momento de crisis (aquel en el que sentían malestar, apatía, estrés desproporcionado, siendo la energía vital de la organización baja) o neutro.

3. Un facilitador va recorriendo cronológicamente los hechos y cada participante comparte su aportación, explicando por qué ha colocado el hecho a esa altura. El objetivo no es generar consenso, sino escuchar las diferentes perspectivas del mismo hecho.

4. Una vez recorrido y explorado todo el lienzo, se procede al análisis de este con preguntas tales como:

   a. Si este lienzo fuese una película, ¿qué título tendría?

   b. ¿Qué hace esta organización muy bien?

   c. ¿Cuáles son las tres características principales de esta organización?

   d. ¿Qué es importante para este equipo? (valores)

   e. ¿Cuáles son las grandes verdades bajo las que opera este sistema humano? (creencias)

   f. ¿Qué es lo más difícil para esta organización?

   g. ¿Cómo gestiona el éxito y el fracaso?

   h. ¿Qué debería aprender?

   i. ¿Qué capacidades le conviene desarrollar?

   j. ¿Qué tiene que hacer más? ¿Qué tiene que hacer menos? ¿Qué tiene que dejar de hacer?

Beneficios del lienzo de la historia de una organización

- Disponer de una perspectiva amplia sobre el pasado de una organización.
- Alinear a un equipo en torno a una realidad compartida.
- Identificar puntos de vista similares sobre los diferentes hechos.
- Tomar conciencia de que unos mismos hechos pueden ser experimentados de manera diferente por los diferentes miembros de una organización.
- Identificar fortalezas, debilidades, valores, creencias y patrones de comportamiento.
- Celebrar logros.

El contexto: ¿Cómo es mi campo de juego?

Una vez que disponemos de un marco de referencia que nos permite contextualizar el presente de la organización y comprender de dónde viene, procedemos a explorar su contexto. Esto nos permite ubicar a la organización en una realidad y conectarla con una serie de aspectos que la afectan e influyen.

Para abordar este proceso, vamos a utilizar el lienzo del contexto de una organización, que está diseñado para alinear a sus integrantes en torno a la realidad externa que la rodea y ampliar la perspectiva individual como consecuencia del aprendizaje a partir de las aportaciones colectivas.

Este lienzo puede personalizarse en función de las circunstancias concretas de cada organización (industria, geografía, modelo de negocio, etc.). El lienzo propuesto a continuación contempla una serie de elementos genéricos que permiten contextualizar a una organización en tiempo presente:

- Factores externos: económicos, políticos, tecnológicos, sociales, etc.
- Sector: situación actual y tendencias.
- Competencia: líderes actuales y emergentes.
- Clientes y consumidores: necesidades actuales y futuras.
- Grupos de interés internos y externos: expectativas.

Lienzo del contexto de una organización ....

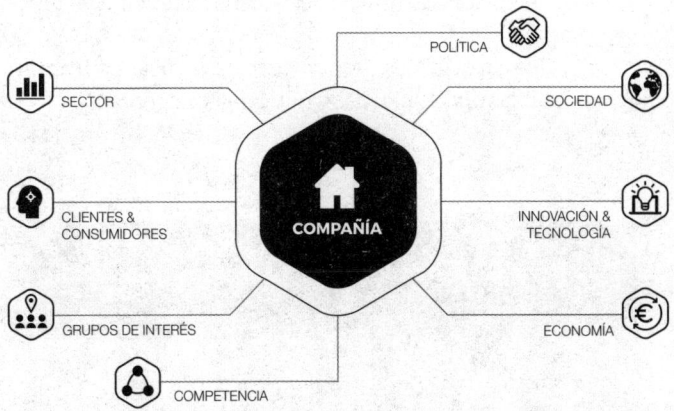

¿Cómo elaborar el lienzo del contexto de una organización?

1. Cada participante identifica los aspectos más relevantes vinculados a los diferentes apartados del contexto. Cada aspecto relevante se anota en un pósit.
2. Los participantes sitúan los pósits en el lienzo, en su respectivo apartado.
3. Un facilitador va recorriendo cada uno de los aspectos, buscando agrupar ideas similares para generar una exploración profunda y completa de cada uno.

4. Una vez recorrido y completado el lienzo, se procede a su análisis con preguntas tales como:
   a. ¿Qué tendencias nos afectan más?
   b. ¿Hacia dónde se dirigen nuestros clientes y consumidores?
   c. ¿Qué necesidades de nuestros clientes estamos satisfaciendo actualmente y cuáles no?
   d. ¿Hacia dónde evoluciona nuestra industria?
   e. ¿Cuáles son las principales oportunidades que nos plantea este entorno?
   f. ¿Cuáles son las principales amenazas que podemos observar?
   g. ¿Qué capacidades nos conviene desarrollar para aprovechar las oportunidades y mitigar las amenazas?

Beneficios del lienzo del contexto de una organización

- Construir una visión compartida del entorno de la organización.
- Sentar las bases para abordar un proceso de pensamiento disruptivo.
- Desarrollar la visión sistémica para comprender una realidad compleja.
- Identificar factores y tendencias que deben ser tenidos en cuenta porque pueden constituir potenciales amenazas u oportunidades.
- Fortalecer las capacidades analíticas de un equipo.

Paso 2: Diagnosticar para priorizar

Una vez que disponemos de un marco de referencia que nos permite contextualizar el presente de la organización y comprender qué elementos la impactan en el momento presente y pueden impactarla en el futuro, estamos en disposición de realizar un diagnóstico que nos permita identificar prioridades de actuación.

Para poder diagnosticar una organización y determinar su grado de desarrollo como una organización inteligente, necesitamos identificar el nivel de presencia de una serie de capacidades que se manifiestan en comportamientos realizados por los empleados de la organización.

Para abordar un diagnóstico integral deberemos incluir un análisis cuantitativo que permita disponer de una información objetiva y estructurada sobre la situación actual de la organización. Este análisis debe ser complementado con una exploración cualitativa que nos permita matizar y comprender aquellos hallazgos realizados en la fase cuantitativa.

Diagnóstico cuantitativo: las cinco dimensiones de una organización inteligente

De acuerdo con el Modelo de OI, podemos realizar un diagnóstico de cómo está la organización en relación con las cinco dimensiones: confianza, transformación, efectividad, relaciones y compromiso.

En función de las investigaciones que he llevado a cabo durante más de veinticinco años de experiencia profesional como directiva y consultora, he identificado aquellas capacidades críticas que subyacen a cada una de las dimensiones. Asimismo, y para dotar al modelo de rigor metodológico, se han identificado los comportamientos asociados a cada una de dichas capacidades.

A continuación mostramos el esquema de dimensiones y capacidades para poder disponer de una visión global del diagnóstico de las cinco dimensiones, sin adentrarnos en el nivel de detalle de comportamientos, para poner el foco en la comprensión global de la metodología.

El Modelo de OI dispone de una serie de herramientas de diagnóstico que permite que una organización y/o equipo pueda determinar su situación actual y proyectar una situación ideal.

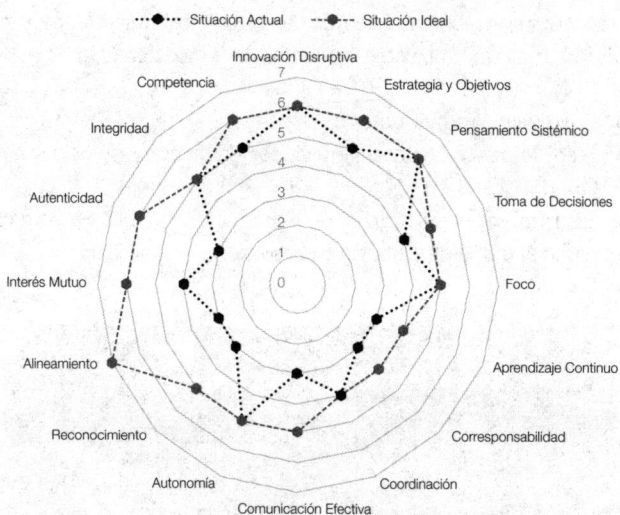

MODELO OI: DIAGNÓSTICO 5 DIMENSIONES

El diagnóstico de las cinco dimensiones del Modelo de OI permite:

- Disponer de una fotografía del nivel de desarrollo de la organización como una organización inteligente o de alto rendimiento sostenible.
- Identificar la brecha existente entre la situación actual y la situación ideal.
- Determinar prioridades de actuación.

Diagnóstico cualitativo: explorando qué hay detrás de los datos

Un análisis cuantitativo permite disponer de una base sólida sobre la que trabajar, pero es insuficiente. Los datos nos indican muchas cosas, pero, desafortunadamente, no hablan. Para comprender en profundidad qué nos quieren decir, para entender qué hay detrás de ellos, necesitamos hablar con las personas.

Hay muchas técnicas que nos permiten explorar en mayor profundidad una realidad, entre las cuales podemos destacar:

- Entrevistas individuales o grupales.
- Metodologías de inteligencia colectiva como World Café y OpenSpace.
- Herramientas de la fase de exploración de *DesignThinking*, como el mapa de empatía o persona.
- Etc.

Idea: Metodologías de cocreación e inteligencia colectiva

A continuación te cuento un poco más sobre este tipo de enfoques y metodologías para que no puedas resistirte a utilizarlas.

DesignThinking (pensamiento de diseño): es una filosofía aplicada al diseño de productos, servicios, procesos, soluciones, etc., que se ha ido consolidado en las últimas décadas y de la que la consultora IDEO y la Universidad de Stanford se han convertido en exponentes de referencia. Se distingue de otros enfoques por posicionar a los usuarios como el eje del proceso de diseño y en que pone el foco en comprender el reto que hay que resolver.

Todas las herramientas que se integran bajo el amplio paraguas de *DesignThinking* se caracterizan por ser sencillas, intuitivas y por generar *insights* y soluciones de alto valor, aunque requieren una serie de habilidades para maximizar su potencial: empatía, curiosidad, colaboración, pensamiento integrado, pensamiento constructivo, exploración...

Una de las herramientas que puede resultarte muy útil para explorar cualitativamente la cultura de una compañía es el **mapa de empatía**, que es muy adecuado para integrar información recogida sobre un colectivo clave de una organización y comprenderlo en profundidad:

- ¿Qué **siente** o **piensa**?: lo que realmente le importa.
- ¿Qué **oye**?: qué le dicen sus amigos, jefes, personas influyentes.
- ¿Qué **dice** y **hace**?: su comportamiento y actitud en público o en la propia entrevista.

Idea: Metodologías de cocreación e inteligencia colectiva

- ¿Cuáles son sus **miedos, obstáculos y frustraciones**?
- ¿Cuáles son sus **motivaciones, deseos y anhelos**?

Inteligencia colectiva: hace referencia a un conjunto de herramientas diseñadas con el objetivo de crear redes de diálogo colaborativo para hablar de «temas que importan». Se usan para trabajar con grupos de tamaño medio a grande, y permiten acceder a la inteligencia colectiva para explorar múltiples perspectivas.

Una de las más populares es el **World Café**, desarrollado por Juanita Brown y David Isaacs. Consiste en promover conversaciones en pequeños grupos, unas tres o cuatro rondas de conversaciones progresivas de veinte a treinta minutos, sobre temas de interés para un colectivo. Los participantes cambian continuamente de grupo, de forma que se maximiza la posibilidad de «hablar todos con todos».

Paso 3: Hacer, hacer, hacer

En función de las brechas y de las prioridades de actuación identificadas, una organización debe determinar cuáles son las intervenciones adecuadas, diseñarlas y elegir el momento oportuno para llevarlas a cabo.

Vamos a ilustrar esto con un ejemplo. Imagina que tu diagnóstico revela que tu organización no toma decisiones de manera efectiva. El análisis cualitativo te ha permitido confirmar que esto se debe a que en la organización subyace una «falsa armonía» que ralentiza la toma de decisiones y que deriva de un patrón de «evitación de conflicto». La incapacidad de personas y equipos para confrontar sus puntos de vista y alcanzar acuerdos está afectando seriamente a la agilidad y la toma de decisiones de esa organización.

En esta situación, una posible intervención consistiría en poner en marcha un programa de desarrollo de liderazgo focalizado en gestión del conflicto y toma de decisiones. Otra podría ser un modelo operativo que clarifique roles y responsabilidades en la toma de decisiones, así como tiempos estimados.

En la mayor parte de las ocasiones, confirmarás que un buen diagnóstico te lleva directamente a la intervención ideal para cerrar la brecha, ya que emerge por puro sentido común una vez que la causa de la cuestión que hay que resolver está identificada.

El reto en esta fase es determinar las prioridades, es decir, identificar ese 20 % que va a transformar la situación actual en un 80 %. En el caso de que hayas identificado múltiples iniciativas que se pueden implantar, puedes utilizar esta matriz factibilidad-impacto para poder determinar por dónde empezar:

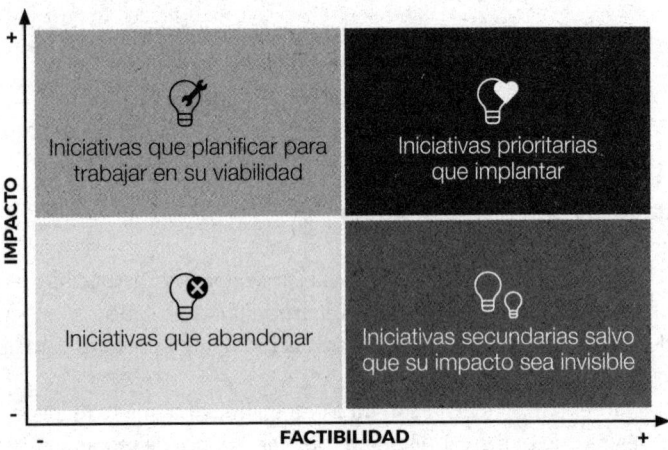

Dependiendo del alcance del problema, deberemos intervenir en el ámbito de las personas (liderazgo), de los equipos o de la organización al completo (cultura). Es en este momento cuando entran en acción nuestros tres motores de transformación:

● **Cultura Inteligente:** acciones orientadas a desarrollar una cultura que genere un ecosistema de alto rendimiento sostenible.

- **Liderazgo Inteligente:** acciones orientadas a desarrollar la efectividad del liderazgo a nivel individual.
- **Equipos Inteligentes:** acciones orientadas a desarrollar equipos de alto rendimiento sostenible.

En este apartado exploraremos tres lienzos creados para diseñar intervenciones con respecto a estos tres motores: cultura, liderazgo y equipos.

Cultura Inteligente: cómo desarrollar una cultura que sea un aliado de la estrategia

Muchas veces se habla de cambio cultural con cierta frivolidad, como si fuese algo que se decide y se hace, sin más.

A estas alturas del libro, espero que todos los lectores sean conscientes de dos circunstancias que hay que tener en cuenta a la hora de abordar un cambio cultural:

1. **Una organización es un sistema humano abierto y complejo**, lo que se traduce en múltiples elementos interdependientes en continuo cambio y dispuestos a influir y ser influidos por otros elementos y sistemas que están fuera de la organización. En otras palabras, una organización no es un pedazo de barro inerte que se queda quieto y lo moldeas como te parece y cuando te apetece.
2. **La cultura de una organización no se dicta**, sino que se influye y se gestiona, pero no se determina unilateralmente.

La mejor manera de empezar a modelar una cultura diferente es remodelar el contexto. Existe una creencia generalizada de que el cambio cultural empieza por un cambio en la identidad de las personas implicadas. Si bien este enfoque puede resultar válido a la hora de abordar un proceso de cambio personal, es bastante inefectivo a la hora de abordar un proceso de transformación cultural. Yves Morieux, en su presentación multimedia «Resistencia al cambio o error en la estrategia de cambio» (*The Multimedia Encyclopedia of Organization Theory: From Taylor to Today*, 2011), pone de manifiesto la relevancia de modificar el contexto para que los individuos cambien, como se resume en este gráfico:

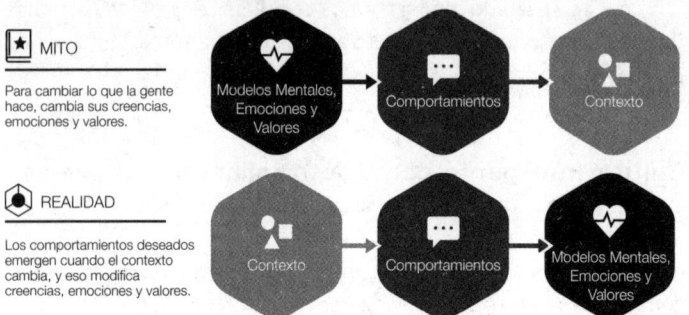

Siendo cierto que debes definir los valores de la cultura ideal, solo vas a modificarlos si creas un contexto que lo promueva.

Los pasos fundamentales para desarrollar una cultura inteligente son:

1. **Elabora tu lienzo de cultura ideal.** Para esto deberás integrar aquellos aspectos relevantes y prioridades de actuación que hayan surgido del diagnóstico de las cinco dimensiones de organizaciones inteligentes.
2. **Identifica la brecha entre valores reales, valores declarados y valores necesarios en la cultura ideal.**
3. **Trabaja en los tres niveles de la cultura de Schein que describimos en el capítulo 4** (artefactos, comportamientos y supuestos de base): cambiar tus espacios de trabajo o la cartelería puede llevarte dos o tres meses, y sin duda va a ayudarte a acelerar cambios más profundos, pero si te quedas ahí no vas a llegar muy lejos. Cambiar creencias compartidas, tales como «los jefes deben tener todas las respuestas», es más complejo que redefinir tu imagen corporativa, y necesitas activar las

otras dos palancas del Modelo de OI: Liderazgo Inteligente y Equipos Inteligentes. Recuerda: cambiar el contexto modifica el comportamiento, y no a la inversa.

Construyendo el lienzo de la Cultura Inteligente

Una vez clarificados los elementos esenciales de la dimensión Cultura Inteligente del Modelo de OI (propósito, valores compartidos y experiencia de empleado), así como los argumentos objetivos y subjetivos que sostienen su relación con el alto rendimiento sostenible, en este apartado voy a compartir una estructura que nos permite empezar a adaptar todos estos conceptos a nuestra organización: el lienzo de la Cultura Inteligente de una organización.

¿Qué es el lienzo de la Cultura Inteligente? . . . .

El lienzo de la Cultura Inteligente de una organización es una estructura gráfica inspirada en las metodologías de *DesignThinking* y, en concreto, en el *Business Model Canvas*, cuyo propósito es facilitar el diseño de una cultura inteligente teniendo en cuenta el contexto que rodea la organización.

Partiendo de la definición del propósito de la organización tal como lo hemos descrito anteriormente, en este capítulo profundizaremos en la dimensión interna y externa de la cultura de una organización.

Para analizar el despliegue externo de la cultura de una organización inteligente, debemos identificar y explicitar:

- **Dimensiones externas de la cultura:** visión, prioridades estratégicas, indicadores de desempeño o de gestión (o KPI's), propuesta de valor al cliente y experiencia de cliente.
- **Dimensiones internas de la cultura**: valores, propuesta de valor al empleado, experiencia de empleado e historias, símbolos, rituales y lenguaje.

Visión. . . . .

Una visión compartida proporciona dirección y claridad a una organización. Es esencial para asegurar que toda la energía y recursos (tiempo, dinero, talento, etc.) apunten hacia el mismo lugar.

La visión de una organización debe cumplir una serie de condiciones para asegurar su utilidad:

- Materializar el propósito.
- Expresar un futuro deseado.
- Inspirar a las personas.
- Promover a la acción.

Tradicionalmente, las compañías elaboraban su visión a cinco y diez años vista. Cada vez son más las compañías que lo hacen a tres años, e incluso a dieciocho meses.

En un contexto VUCCA (recordemos: Volátil, Incierto [*Uncertain*], Caótico, Complejo y Ambiguo), mi perspectiva es que lo más útil es un enfoque *zoom in-zoom out*, que consiste en sostener simultáneamente dos visiones:

- *Zoom out*: visión a diez-veinte años, vista donde todo es posible (y con el desarrollo acelerado de la tecnología, más). Esto nos permite pensar en grande y eliminar a los saboteadores (esas voces y/o pensamientos que nos recuerdan nuestras limitaciones y nos conectan con todas las dificultades que pueden existir para convertir un objetivo en realidad).
- *Zoom in*: planificación estratégica detallada a seis-doce meses, poniendo el foco en lo que tenemos que hacer en el corto plazo para acercarnos a nuestra visión.

Prioridades estratégicas y KPI'S*....................................

Una vez definida la visión, lo siguiente es concretar en prioridades estratégicas o áreas clave de resultados. Es esencial definirlas porque permiten concretar y hacer tangible la visión, para que la organización comprenda exactamente dónde hay que poner el foco.

Una prioridad estratégica podría ser crecimiento rentable, diversificación, internacionalización, digitalización de nuestras soluciones, atracción de talento, posicionamiento como empleador, etc. Y deben incluir KPI's (*Key Performance Indicators* o indicadores clave de resultados) que nos permitan ser objetivos y medir el progreso.

Propuesta de valor al cliente...

La propuesta de valor es una declaración de intenciones con la que comunicamos breve y claramente para qué sirve lo que hacemos y por qué eso es importante para nuestro cliente y/o consumidor. Emana del propósito, y es la materialización de este en el mercado en el que vendemos nuestros productos y prestamos nuestros servicios.

La propuesta de valor al cliente debe explicitar:

---

* Indicadores clave de desempeño o de gestión, acrónimo de *Key Performance Indicator*.

- Qué haces: ¿Qué producto y/o servicio ofreces al mercado?
- Para qué lo haces: ¿Cómo se beneficia tu cliente/consumidor? ¿Qué impacto tienes en él?
- Para quién lo haces: ¿Quién es tu cliente y/o consumidor ideal?
- Cómo lo haces: ¿Cuál es tu factor diferencial?

Experiencia de cliente . . . .

En la experiencia de cliente debes definir la esencia de lo que tu organización desea que el cliente experimente al interactuar con la compañía. Existe independientemente de que una organización se ocupe o no de ella. El objetivo de definirla es gestionarla de una manera proactiva para asegurar que:

- Refleje el propósito de la organización.
- Esté alineada con los valores de la empresa.
- Facilite la realización de la visión.
- Genere lealtad y convierta a los clientes en embajadores y aliados.

Debe responder a esta pregunta: ¿qué hacemos para que nuestros clientes elijan comprar nuestros productos/servicios y recomendarlos?

Valores . . . .

Tal como los hemos definido anteriormente, los valores son principios de actuación que determinan lo que está permitido o no en la organización. Resultan esenciales para tomar decisiones y elegir entre diferentes opciones. Es decir, los valores son, sencillamente, aquello que consideramos importante, en el sentido estricto de la palabra: le damos valor.

Para poder identificar y priorizar los valores ideales de una cultura, puedes reflexionar a través de preguntas como las siguientes:

- ¿Qué debemos hacer para tener éxito en la realización de nuestra visión y en la consecución de nuestras iniciativas estratégicas? ¿Qué valores están detrás?
- ¿Se trata de un valor fundamental para guiar nuestros comportamientos?
- ¿Es un valor relevante para todas las áreas de la organización?
- Si nos guiamos por este valor, ¿mejorará nuestra competitividad y nuestro posicionamiento en el mercado?
- ¿Está este valor alineado con nuestro propósito? ¿Y con nuestra estrategia?

Una vez que tengas identificados los tres o cinco valores esenciales, puedes desarrollarlos utilizando el lienzo de los valores que explicamos en el capítulo 4.

Historias, rituales, símbolos y lenguaje . . . .

Las historias, los rituales, los símbolos y el lenguaje son instrumentos que hacen referencia a aspectos externos (o artefactos) de la cultura y que sirven para ayudar a modelarla:

- Historias: orígenes de la compañía, historia del fundador o fundadores, anécdotas del pasado representativas de la cultura ideal, empleados históricos representativos de los valores y la cultura de la organización(«héroes»).
- Rituales: reuniones, eventos periódicos, celebraciones, reconocimientos, etc.
- Símbolos: imagen corporativa, espacios de trabajo, código de vestuario, etc.
- Lenguaje: argot propio de la empresa, palabras «especiales».

Algunas preguntas útiles para abordar este apartado del lienzo son: ¿Qué historias describen nuestros valores y nuestra cultura? ¿Qué personas las encarnan? ¿Qué elementos tangibles describen nuestra cultura ideal? ¿Qué rituales son representativos de la cultura ideal que manifiesta nuestro propósito? ¿Qué símbolos expresan mejor nuestra cultura ideal?

Caso de éxito: Kellogg's

Historias, rituales, símbolos y lenguaje

En 2010, Kellogg España abordó un proceso de transformación de su modelo de trabajo orientado a fomentar la autonomía, la flexibilidad, la colaboración interdepartamental y el intraemprendimiento de sus empleados. Una de las acciones clave fue la implantación de un modelo de trabajo flexible (KWork) potenciado por varias medidas, como una oficina flexible (KOffice) con espacios abiertos, sin despachos, estructurada en «barrios» y decorada con cartelería que conectaba con valores, símbolos identitarios (como las mascotas) e imágenes del fundador.

Propuesta de valor al empleado

En este apartado vamos a esbozar la propuesta de valor al empleado, entendida como el conjunto de elementos tangibles e intangibles que nuestra organización ofrece a sus empleados a cambio del valor generado a través de las habilidades, capacidades y experiencias que aportan a la organización.

La propuesta de valor al empleado debería dar respuesta a estas cinco preguntas:

- ¿Por qué debería incorporarme?
- ¿Por qué debería quedarme?
- ¿Por qué debería dar lo mejor de mí?
- ¿Por qué debería recomendar esta empresa para trabajar?

Experiencia de empleado..

La experiencia de empleado integra los pensamientos, las percepciones y las emociones de una persona durante su relación con la organización para la que trabaja. Emana de la estrategia, la cultura y el propósito, y debe asegurar un ecosistema atractivo para el perfil de personas que deseamos que formen parte de nuestra empresa. Debe responder a esta pregunta: ¿qué hacemos para que nuestros empleados vayan más allá de sus responsabilidades y nos recomienden como empresa para trabajar?

Estas son algunas preguntas útiles para reflexionar acerca de la experiencia de empleado:

- ¿Quiénes son nuestros empleados objetivo?
- ¿Cómo sería su experiencia ideal?
- ¿Qué voy a aportar como compañía que no pueda aportar otra?
- ¿Qué modelo de relación quiero tener con los empleados?
- ¿Cuáles son los «momentos de la verdad», en los que ellos experimentan con mayor intensidad nuestra relación?
- ¿Cómo aseguro que el modelo de gestión de personas genere la experiencia de empleado que he diseñado?
- ¿Cómo aseguro que las personas clave sean embajadoras de la experiencia de empleado?

Equipos Inteligentes: cómo lograr y mantener un equipo de alto rendimiento

Una vez clarificados los elementos esenciales de la dimensión Cultura Inteligente del Modelo de OI, así como los factores objetivos y subjetivos que fundamentan su relación con el alto rendimiento sostenible, en este apartado vamos a explorar algunas claves para desarrollar Equipos Inteligentes.

Tal como hemos mencionado con anterioridad, si hay algo que

caracterice al siglo XXI es que el equipo es más importante que el individuo. Esto hace que las organizaciones tengan el foco puesto en el desarrollo de equipos que, interactuando entre ellos, aseguren los resultados de una organización sin dejar al margen su propósito.

En un contexto donde las estructuras son cada vez más planas y las relaciones virtuales están a la orden del día, aquella compañía que disponga del mayor número de Equipos Inteligentes será aquella que logre una ventaja competitiva que le proporcione la agilidad y efectividad que necesita para marcar la diferencia en su sector.

El desarrollo de equipos no es algo nuevo, lo que sí es nuevo es la **visión sistémica** de nuestro enfoque de Equipos Inteligentes, desde una múltiple perspectiva:

- Desarrollar un equipo inteligente requiere comprender que los equipos forman parte de un sistema más grande, como es la organización a la que pertenecen. Esa es la razón por la que nuestra propuesta no aborda el tema de los equipos hasta que no se han abordado aspectos como la historia y el contexto de una organización, las cinco capacidades organizativas y su cultura.

- Un equipo es un sistema en sí mismo. Esto implica aceptar que, de la misma manera que los individuos tienen un impacto en el equipo, el equipo tiene un impacto en todos y cada uno de los individuos. Eso hace que el trabajo del sistema sea igual o más importante que el trabajo de cada un de los individuos que lo conforman.

El proceso de desarrollo de un equipo inteligente no es estándar porque cada equipo está en un momento diferente, y eso requiere adaptar el proceso a las circunstancias específicas, de manera que aseguremos que el enfoque y las metodologías son las adecuadas en cada momento. No obstante, hay una serie de pasos que podríamos considerar comunes a cualquier **programa de desarrollo de un equipo inteligente**:

1. **Alineamiento en el futuro:** un equipo necesita compartir un propósito y una visión, precisa de un «para qué» común que dé sentido a su existencia, así como de una dirección conocida y compartida por sus miembros que garantice que todos avanzan hacia el mismo lugar. Asimismo, es esencial que, al mismo tiempo que se trabajan el propósito y la visión del equipo, se trabaje el propósito y la visión individual: eso permite que cada persona pueda conectar sus intereses y necesidades individuales con las del equipo, estableciéndose una relación en la que las dos partes ganan («gana-gana») porque, cuando gana el equipo, gano yo.

2. **Alineamiento en el presente:** para que un equipo pueda moverse hacia un futuro, necesita que todos sus miembros estén alineados, y eso requiere explorar y confrontar con honestidad su situación actual. En este momento es necesario observar qué está funcionando y qué no, sin enjuiciar. El diagnóstico de las cinco dimensiones de OI es también muy adecuado para equipos, y proporciona un análisis preciso y una base sólida para que el equipo pueda mantener una conversación productiva sobre su situación, basada en datos recogidos de una manera sistematizada.

3. **Alineamiento en la acción:** tan importante como disponer de un buen diagnóstico de la situación actual y de una situación objetiva ideal, es disponer de un plan de acción compartido que se ejecute de manera coordinada por parte de todos los miembros de un equipo. Dicho plan debe incluir acciones, responsables, indicadores de evaluación del resultado y, lo más importante, debe revisarse con periodicidad para detectar avances, obstáculos y decidir próximos pasos.

Hay un último aspecto a la hora de asegurar el éxito de un programa de desarrollo de un equipo inteligente, y es la cocreación. Todos los miembros del equipo deben sentirse codiseñadores y protagonistas del programa, y asumir la corresponsabilidad de los resultados.

¿Qué es el lienzo de un Equipo Inteligente?

El **lienzo del equipo inteligente** es una estructura gráfica inspirada en las metodologías de *DesignThinking* y, en concreto, en el *Business Model Canvas*, cuyo propósito es facilitar el diseño de un equipo inteligente. Puede utilizarse como elemento que sirva para que el equipo integre los principales resultados de su programa de desarrollo de Equipos Inteligentes, y que le sirva de recordatorio sobre las áreas que deben tener presentes en su día a día.

Visión. . . . .

Una visión compartida proporciona dirección y claridad a un equipo. Es esencial para asegurar el alineamiento de sus miembros, y que todos estén focalizados hacia el mismo lugar.

La visión de un equipo debe describir la imagen de ese equipo proyectada en el futuro, y es esencial que todas las personas que lo integren hayan participado en su definición. Es muy importante trabajar con un horizonte temporal concreto: la visión debe expresar qué va a pasar en ese momento situado en el futuro. Algunas de las preguntas que pueden ayudar a un equipo a conectar con su visión son:

- ¿Qué es lo que más ilusión os haría conseguir en X años?
- ¿Por qué os gustaría ser reconocidos?
- ¿Qué estáis aportando a la organización que es tan importante?
- ¿Qué dicen de vosotros otros equipos de la organización?

Prioridades estratégicas y KPI's . . . .

Una vez definida la visión, lo siguiente es asegurar concretar en prioridades estratégicas o áreas clave de resultados. Es importantísimo que un equipo disponga de objetivos concretos y ambiciosos, de manera que pueda evaluar de forma sistematizada su rendimiento y progreso.

Producto final valioso . . . .

Un equipo debe tener claramente definido su producto final valioso, que hace referencia a aquello que aporta a sus clientes (internos y/o externos), así como a la organización a la que pertenece.

Si el propósito ayuda a un equipo a definir la razón de su existencia a un nivel conceptual, el producto final valioso permite hacerlo a un nivel muy concreto: lo ayuda a conectar con el propósito y con el valor generado por ellos mismos.

Necesidades y expectativas . . . .

Es fundamental que los miembros de un equipo expresen sus necesidades y expectativas en relación con el grupo de trabajo: no es necesario estar todos de acuerdo, pero sí es imprescindible que las compartamos.

Valores compartidos . . . .

En la medida en la que un equipo es un sistema vivo, comparte unos valores que determinan su comportamiento y condicionan sus procesos de toma de decisiones conscientes e inconscientes.

Los valores de un equipo son su sello de identidad, y deben expresar qué es importante para los que somos parte de ese equipo, que son las cinco o siete cosas que más valoramos aquí.

Elegir qué valores van a guiar nuestra actuación permitirá posteriormente establecer unas reglas del juego a las que recurrir en momentos de conflicto, cuando haya que elegir entre diferentes alternativas o identificar personas que van a encajar mejor en el equipo.

Reglas del juego . . . .

Las reglas del juego o la alianza hace referencia a esa relación de cinco o siete normas que el equipo define como esenciales para sostener la relación que necesitan entre ellos. Emanan de las necesidades de los integrantes y de los valores del equipo. Se manifiestan como acuerdos concretos que expresan cómo nos relacionamos entre nosotros, y exigen que todos estemos de acuerdo.

Ejemplo: «Respeto: no hablamos de nadie que no esté presente, salvo que sea para reconocerle su trabajo».

Miembros del equipo (roles y responsabilidades).................

Los equipos son personas y, si no abordas la perspectiva individual, te pierdes la realidad humana. Es muy importante explicitar quién es quién y para qué está aquí, y esto incluye especificar el rol y la principal responsabilidad de cada integrante.

Esto tiene una doble función: poner en valor a cada persona que conforma el equipo y recordar a cada uno su prioridad y foco.

Fortalezas y recursos disponibles....................................

¿Qué es lo que este equipo hace muy bien? Esta es la pregunta clave para identificar las fortalezas de un equipo y aquello que lo hace único y singular.

Asimismo, es importante tomar conciencia de todos los recursos tangibles (presupuesto, herramientas, metodologías, etc.) e intangibles (reputación, contactos, etc.) que un equipo tiene para lograr sus objetivos.

Problemas y riesgos..

¿Qué es lo que no hacemos bien? Esta es una pregunta que todo equipo debe confrontar en algún momento para activar los mecanismos necesarios que mitiguen las potenciales consecuencias negativas de capacidades pendientes de desarrollar o de aquellas áreas que pueden suponer un riesgo para los resultados o la sostenibilidad del equipo.

Tener identificados los problemas y los riesgos permite activar el «mantenimiento preventivo» de un equipo antes de que se manifiesten situaciones que requieran activar los sistemas de «mantenimiento reactivo», que siempre son menos efectivos porque no suelen solventar las causas estructurales de lo que no está funcionando.

Grupos de interés o stakeholders *clave* . . . .

El mapa de *stakeholders* o grupos de interés es una herramienta muy útil para desarrollar el capital social de un equipo. Tiene como objetivo identificar a las personas clave para la consecución de su visión y objetivos estratégicos.

Identificar a esas personas, equipos, empresas o instituciones nos permite evaluar el tipo de relación entre ellos y su situación actual. En función de esto, podemos elaborar acciones concretas orientadas a desarrollar o aumentar nuestra red de relaciones para asegurar que disponemos de las alianzas necesarias.

Liderazgo Inteligente: cómo lograr y mantener la efectividad del liderazgo

He decidido abordar este apartado desde una perspectiva individual, y no organizacional. Es decir, está pensado para que una persona pueda trabajar su propio liderazgo y no para que una organización defina y despliegue un modelo de liderazgo.

El motivo es que este libro aporta ya suficientes elementos organizativos, y he creído adecuado tocar un punto esencial: quién tienes que ser como líder para desarrollar una organización inteligente, una cultura inteligente o un equipo inteligente.

Este apartado es un punto de partida para reflexionar sobre ti mismo, lo cual te permitirá tomar decisiones y poner en marcha tu propio plan de desarrollo como líder inteligente o líder de alto rendimiento sostenible. Trataremos conceptos que se han desarrollado en el libro con anterioridad, aunque, en esta ocasión, lo haremos en un contexto individual. Esto va a requerir explicaciones y distinciones complementarias porque es muy diferente hablar de algunos aspectos, como el propósito, a nivel organización de a nivel individuo.

Es posible que lo que explico aquí se quede corto, si tu crecimiento personal y profesional es una de tus prioridades. En ese caso, te va a tocar esperar al próximo libro para poder abordar el desarrollo del liderazgo con mayor profundidad. De momento, considera esto como una introducción, para que puedas ir empezando a dibujar ese proyecto tan ambicioso en el que el sujeto y el objeto eres tú mismo.

Los pasos fundamentales para convertirte en un líder inteligente son:

1. **Elabora tu lienzo de líder inteligente:** para esto deberás realizar un ejercicio de autoconocimiento e introspección importante.
2. **Identifica la brecha entre el lienzo y tu situación actual:** es posible que observes muchas cosas sobre ti que todavía no están en el lugar que quieres, pero no te obsesiones. Pon el foco en aquello que va a marcar la diferencia. Identifica un máximo de tres áreas que debes desarrollar y ponte en acción.
3. **Trabaja tu plan de acción:** no hay más magia que la de hacer algo todos los días hasta que consigues lo que quieres. El lienzo del líder inteligente te proporciona la dirección; ahora ya solo depende de tu determinación y disciplina. Y recuerda: más vale ser disciplinado, porque no siempre vas a estar motivado.

¿Qué es el lienzo del líder inteligente?

El lienzo de la cultura inteligente de una organización es una estructura gráfica inspirada en las metodologías de *DesignThinking* y, en concreto, en el *Business Model Canvas*, cuyo propósito es facilitar el diseño de una cultura inteligente teniendo en cuenta el contexto que rodea a la organización.

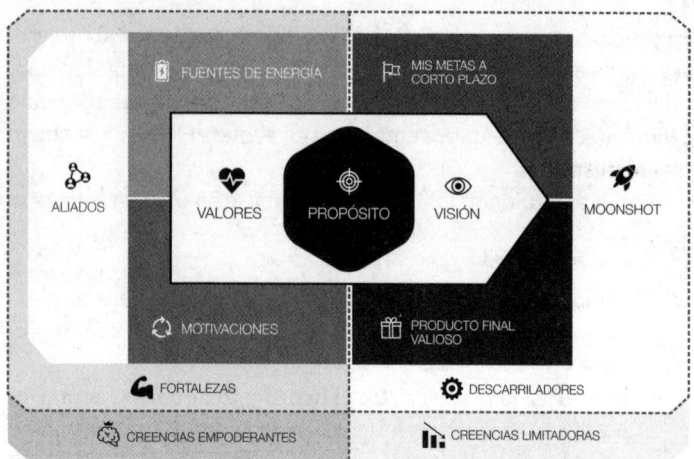

Partiendo de la definición de tu propósito como líder, este lienzo te permite profundizar en:

- **Impacto en el mundo:** *moonshot*, visión, metas a corto plazo y producto final valioso.
- **Identidad como líder:** valores, motivaciones, fuentes de energía y aliados.
- **Sistema operativo:** fortalezas, descarriladores, creencias empoderantes y creencias limitadoras.

A continuación explicaré cada uno de estos conceptos y qué función pueden tener en relación con el lienzo del líder inteligente.

Propósito . . . .

El propósito de una persona es su esencia y tiene que ver con eso único y singular que transmite con cada cosa que hace. Es aquello que tu entorno pierde si tú desapareces porque solo tú lo tienes.

Desafortunadamente, nos pasamos la vida haciendo realidad las expectativas de otros, y eso nos impide conectar con nosotros mismos para tomar conciencia del «regalo» que traemos a este mundo.

> **El propósito no es algo que se decida, es algo que se descubre. Siempre ha estado presente en nuestra vida y estará allí hasta que muramos porque actúa como un hilo conductor de nuestra vida.**

Identificar nuestro propósito y encapsularlo en una frase que nos permita conectar con él de manera instantánea es una poderosa herramienta para cualquier persona que desee ser un líder efectivo de alto impacto.

Algunas preguntas que te pueden dar pistas para empezar a conectar con tu propósito:

- ¿Qué actividad ha despertado tu pasión durante un período largo de tu vida (deporte, estudio, piano, pintar, etc.)? ¿Cómo te sientes cuando lo haces?
- ¿Cuál ha sido el momento más satisfactorio y pleno a nivel profesional de tus últimos doce meses? ¿Qué ocurría exactamente y qué estabas haciendo tú?
- Si no tuvieras ninguna limitación (dinero, familia, etc.), ¿a qué dedicarías el resto de tu vida?
- ¿Por qué te has pasado toda tu vida disculpándote (y que te encanta hacer)?
- Cuando eras pequeño, ¿qué era lo que más te gustaba hacer?
- A lo largo de diferentes momentos de tu vida, ¿cuál es el talento que todo el mundo ha destacado de ti?

Moonshot . . . .

Moonshot es un término acuñado por Google para hacer referencia a la innovación disruptiva de gran impacto social. Está tomado del postulado realizado por el presidente estadounidense John F.

Kennedy en 1962: «Hemos decidido ir a la Luna en esta década». JFK no tenía ni idea de cómo iba a ocurrir eso, tan solo plantó la semilla de un proyecto extremadamente ambicioso y de enorme trascendencia para la humanidad.

Una idea *Moonshot* hace referencia a una iniciativa que soluciona un gran problema mediante innovación disruptiva utilizando la tecnología. Asimismo, es de gran magnitud y trascendencia, puesto que su realización generaría un cambio de paradigma social, ya que suele estar vinculada a los grandes retos de la humanidad.

Lo poderoso de un *Moonshot* es que te da una perspectiva y una aspiración mucho mayores de las que, de forma natural, tendrías para un proyecto, lo que te permite crecer y desarrollar habilidades que usualmente no tendrías si no hubieras decidido ir tras una idea tan grande.

Tener un *Moonshot* identificado es inspirador y puede llevarnos más allá de lo que pensamos que es posible, sirviéndonos de guía para elevar nuestro impacto en la sociedad que habitamos.

Visión...

Una vez definido el propósito, vamos a transformarlo en una visión: la visión del líder que quieres ser en el futuro.

Es cierto que una visión de futuro no cambia nada de nuestra realidad actual. Sin embargo, sí puede transformar nuestra relación con el presente, con esa realidad. Nos inspira, nos desafía y nos cambia la manera de ser y estar en el mundo.

Para elaborar tu visión, debes proyectar en tu imaginación un futuro deseado que represente una materialización de tu propósito y de tu *Moonshot*. Debes acompañarlo de todo lujo de detalles, cuanto más concretos, mejor, porque eso te permitirá realizar luego un plan de acción con más facilidad.

Algunas de las preguntas que te serán de utilidad para elaborar tu visión son, una vez que te hayas imaginado a ti mismo en ese futuro deseado, las siguientes:

- ¿Qué estás haciendo?
- ¿Qué actividades ocupan la mayor parte de tu tiempo?
- ¿Qué es lo que hace que te sientas más orgulloso?
- ¿Quiénes te rodean?
- ¿Cómo es un día cualquiera?

Metas a corto plazo ....

Una vez definida tu visión, llega el momento de ponerte en acción. Y, siguiendo nuestro enfoque *zoom out-zoom in*, la propuesta en este apartado del lienzo es que te focalices en tus objetivos a seis-doce meses para hacer realidad la visión.

Preguntas que te pueden ser útiles para definir estas metas a corto plazo son:

- ¿Cuál es el primer paso para acercarte a tu visión desde tu situación actual?
- ¿Qué nuevas responsabilidades emergen como consecuencia de tu visión?
- ¿Qué debes empezar a hacer?
- ¿Qué debes dejar de hacer?
- ¿Qué debes seguir haciendo?
- ¿Qué habilidades debes incorporar?

Producto final valioso ....

Tu producto final valioso es aquello que haces y entregas a otros a cambio de bienes y/o servicios que, a su vez, son valiosos para ti. Es valioso para el mercado y, por ello, puedes obtener beneficios tangibles e intangibles.

Tienes que tener definido qué es eso que tú entregas y por lo que otros están dispuestos a darte algo a cambio: dinero, tiempo, recursos, etc.

¿Cuál es tu producto final valioso? Ideas innovadoras, equipos motivados, resultados a corto plazo, organizaciones rentables, clientes felices, clientes rentables, etc.

Toma conciencia de ello, defínelo bien y ponlo en valor.

Valores. . . . .

Nuestros valores son aquellos principios que nos permiten orientar nuestro comportamiento y nuestras actitudes. Reflejan nuestros intereses, sentimientos y convicciones más importantes.

Son esenciales porque, de forma inconsciente, nos proporcionan una pauta para tomar decisiones, así como para formular metas y propósitos, personales o colectivos.

Los valores son fuente de satisfacción y plenitud cuando están presentes en nuestra vida. Asimismo, las personas sentimos mucha insatisfacción y frustración cuando un valor que es importante para nosotros no está presente.

Conocer nuestros auténticos valores (no los aspiracionales, sino los reales) nos permitirá utilizarlos de una manera más consciente, dirigiendo nuestra vida hacia situaciones y personas que nos permitan vivirlos.

Este es un aspecto muy importante porque vivimos gran parte de nuestra vida apegados a unos valores aspiracionales que hemos hecho nuestros como consecuencia de nuestra familia, educación, nuestro entorno, etc., y que en realidad tienen poco que ver con nosotros mismos.

¿Quieres conocer tus valores reales? ¿Quieres saber lo que realmente te importa? Voy a compartir contigo un ejercicio muy sencillo: abre tu agenda y consulta lo que has hecho en tus últimas cuatro semanas. Revisa a qué le has dedicado tu tiempo. Esas son las cosas que verdaderamente valoras en este momento de tu vida.

Fuentes de energía . . . .

Las personas necesitamos energía para funcionar, y esto hace referencia al nivel físico, mental, emocional y espiritual. Necesitamos «alimentar» nuestros diferentes ámbitos y, en especial, cuando abordamos proyectos ambiciosos dentro del contexto del liderazgo.

Cada uno de nosotros tenemos personas, actividades, lugares, etc. que «nos cargan las pilas». ¿Cuáles son los tuyos?

Motivaciones . . . .

Conocer nuestras motivaciones intrínsecas y extrínsecas es esencial para descubrir nuestras fuentes de energía, ya que actúan como un estímulo inconsciente (y gratuito) que nos lleva a realizar determinadas acciones y a persistir en ellas para su culminación. Tener identificadas aquellas que nos mueven nos permite buscarlas y tomar decisiones para asegurar que están presentes en los diferentes ámbitos de nuestra vida.

Algunos ejemplos que pueden servirte de inspiración para encontrar las tuyas:

- Motivaciones intrínsecas: logro, poder, afiliación, aprendizaje, marcar la diferencia (impacto), desafío, estima, etc.
- Motivaciones extrínsecas: recompensas materiales, reconocimiento, estatus, estabilidad, formación, promoción, etc.

Aliados . . . .

Un mapa de aliados permite tomar conciencia de quiénes son las personas clave en tu proyecto como líder, porque disponer de ayuda externa va a permitirte ser más eficaz y disfrutar más de los logros conseguidos.

Identifica las tres o cinco personas que son esenciales para que puedas llevar a cabo tu plan de liderazgo, hazles partícipes de tu propósito y visión, y pregúntales cómo podéis ayudaros mutuamente.

Descarriladores . . . .

Un descarrilador es un comportamiento que se interpone en nuestro progreso, y nos desvía peligrosamente del líder que hemos decidido ser.

Un descarrilador es algo más complejo que una debilidad. Todos tenemos debilidades que, tal vez, nunca elijamos mejorar, o que necesitemos dominar: no pasa nada. Sin embargo, un descarrilador requiere que se tome una acción inmediata porque impide la realización de nuestro potencial.

Emergen en períodos altos de tensión o estrés, y algunos de los criterios para reconocerlos son:

- Limitan de forma significativa nuestro progreso.
- En muchas ocasiones, son una «fortaleza subida de volumen», es decir, una fortaleza desarrollada a un nivel tan extremo que se convierte en un inconveniente.
- Múltiples fortalezas no pueden compensar un descarrilador.
- Amplifican debilidades que por sí mismas no supondrían un problema.

Algunos de los descarriladores más típicos son: volátil, perfeccionista, micrománager (excesivo control y foco en los detalles del trabajo de un reporte directo), distante, complaciente, etc.

Tomar conciencia de nuestros principales descarriladores es esencial para saber qué tenemos que hacer menos, es decir, saber a qué comportamientos hay que «bajarles el volumen» porque están teniendo un efecto muy negativo en nuestro proyecto como líder y en nuestro entorno.

Creencias empoderantes y limitadoras ....

Una creencia es el sentimiento de certeza sobre algo. Es una afirmación personal que consideramos como verdad absoluta cuando, en realidad, no lo es (puede serlo en ocasiones o de manera parcial).

El sistema de creencias que tengamos acerca del mundo y de nosotros mismos actúa de una forma similar a como lo hace el sistema operativo de un ordenador: hace que la máquina se comporte de una determinada forma. En el caso de las personas, las creencias construyen nuestro modelo mental y determinan nuestra manera de actuar.

Por este mismo hecho, las creencias tienen una influencia determinante en nuestra vida. Así, las creencias que tengamos con respecto a nosotros mismos pueden ser limitantes («yo no soy capaz de hacer...») o pueden ser posibilitadoras («yo soy muy bueno en...»). En ninguno de los dos casos se trata de verdades absolutas, pero, al creer que lo son, actúan como profecías que se autocumplen respecto a lo que podemos y no podemos hacer.

Explorar nuestras creencias limitantes nos permitirá identificar posibles barreras imaginarias que hemos construido y desactivarlas. Explorar creencias empoderantes o posibilitadoras nos permitirá usarlas como palancas para conseguir lo que nos propongamos.

El trabajo sobre creencias debe ser realizado por un *coach* o terapeuta especializado en este campo, aunque conocerlas nos permitirá comprender cómo funcionamos y elevar nuestra efectividad como líderes, asumiendo la responsabilidad de lo que nos ocurre y posicionándonos como protagonistas de nuestra realidad.

Conclusiones

Llegados a este punto, solo nos queda concluir. Y, antes de afrontar el cometido de este último apartado del libro, me gustaría que hiciéramos juntos un recorrido a lo largo de los principales conceptos ilustrados en estas páginas.

El libro empieza declarando la existencia de una conciencia generalizada sobre la disfuncionalidad de las organizaciones actuales: las últimas crisis reputacionales y financieras lo han puesto de manifiesto sin dejar un ápice de duda. Estamos inmersos en una realidad caracterizada por un entorno de alta complejidad y nuestros modelos organizativos actuales están obsoletos y no son efectivos para dar respuesta a los retos que plantea la realidad actual.

La solución al problema es desarrollar un nuevo paradigma organizativo: *Organizaciones Inteligentes* (OI). El libro define «organización inteligente» como «aquella que **logra de manera sistemática los objetivos que derivan de su propósito mediante el desarrollo de un ecosistema humano de alto rendimiento sostenible, donde las personas que lo integran contribuyen con su cien por cien y en ello encuentran significado y realización**».

A partir de esta definición, se presenta el **Modelo de Organizaciones Inteligentes (Modelo de OI)**, cuyo propósito es inspirar y ayudar a organizaciones, equipos y personas a desarrollar sistemas de trabajo que respondan de un modo efectivo a los retos del mundo actual, y que logren un alto rendimiento sostenible en varios sentidos:

- Sostenible en el tiempo, es decir, organizaciones que logren los resultados que se proponen de manera continuada y ordinaria, y no de manera extraordinaria y aleatoria.
- Sostenible para la sociedad, es decir, organizaciones que tengan un impacto positivo en el mundo, proporcionando niveles de plenitud mayores a todos los grupos de interés implicados.

Continuamos profundizando en la Metodología Organizaciones Inteligentes (Metodología OI), que se plantea como una forma completamente diferente de abordar el desarrollo y/o la transformación de una organización para asegurar su rendimiento sostenible en el siglo XXI. El Modelo OI se basa en un enfoque sistémico que contempla la realidad organizativa a tres niveles:

- El **marco de referencia**: las dos variables (**contexto e historia**) que permiten ubicar a una organización y observarla con perspectiva.
- El **núcleo**: las cinco dimensiones del alto rendimiento sostenible, que son **confianza**, **transformación**, **efectividad**, **relaciones y compromiso**.
- Los **motores**: las tres palancas para activar el alto rendimiento sostenible, que son **Cultura Inteligente**, **Equipos Inteligentes y Liderazgo Inteligente**.

En el libro se profundiza en todos los aspectos del modelo a través de herramientas específicas, ejemplos concretos y casos reales. Adicionalmente, en el último capítulo se aporta una guía de actuación que expone una estructura para identificar las acciones clave que hay que realizar para desarrollar una organización inteligente.

Y este es el momento en el que en la cabeza de muchos lectores ronda la pregunta: ¿y ahora qué?

La respuesta a esta pregunta no es sencilla y, además, puede abordarse desde dos puntos de vista diferentes: lo que viene después de este libro para ti como lector y/o lo que viene después de este libro para mí como autora.

A partir de este libro, como lector tienes varias alternativas.

- La alternativa cómoda es conformarte con haber ampliado tu comprensión de la realidad organizativa actual, así como la de disponer de nuevos planteamientos, ideas y soluciones en el ámbito del desarrollo organizativo, cultura, equipos, liderazgo, etc.
- La alternativa incómoda y arriesgada es hacer algo con todo lo que has leído. Puede ser algo poco comprometido que te implique solo a ti mismo (como una pequeña revisión de tus valores); puede ser algo que impacte más allá de ti (como una reflexión con tu equipo sobre vuestro propósito), o puede ser algo ambicioso, como replantearte un proceso de transformación de tu organización orientado a posicionarte en el alto rendimiento sostenible.

Hagas lo que hagas, tu lectura estará bien aprovechada. Soy de las que piensa que cada cosa tiene su momento y su lugar, y, por lo tanto, lo que es mejor o peor ahora es algo bastante discutible. Y como tú eres el que mejor conoce tu realidad y tus capacidades actuales, puedes calibrar mejor que nadie qué hacer a partir de la lectura de este libro.

En cuanto a mi siguiente paso como autora, lo tengo bastante claro aunque pueda parecer suicida: ir a por el siguiente. Si has escrito un libro alguna vez, entiendes perfectamente por qué he elegido la palabra «suicida». Si nunca has escrito ninguno, debes saber que se trata de un proyecto apasionante que pone a prueba la resiliencia de cualquier ser humano. Escribir *Organizaciones Inteligentes* me ha permitido explorar, ordenar, estructurar y compartir mis ideas, reflexiones y experiencia sobre el desarrollo de organizaciones de alto rendimiento sostenible. Ha sido fascinante y muy retador al mismo tiempo.

Quiero seguir profundizando en las inmensas posibilidades que *Organizaciones Inteligentes* abre para el lector, porque también las abre para mí. Todavía no he decidido si me centraré en aspectos vinculados a la Cultura, al Liderazgo o a los Equipos Inteligentes.

En cualquier caso, te garantizo que habrá más. Tú decidirás si será mejor.

Para saber más

Libros interesantes para saber más

Anderson, Robert J., y William A. Adams, *Mastering Leadership*, John Wiley & Sons, 2015.

Craig, Nick, *Leading From Purpose*, Hachette Books, 2018.

Drucker, Peter, *Eficacia ejecutiva*, Conecta, 2018.

Jones, Brenda B., y Michael Brazzel, (eds.), *The NTL Handbook of Organization, Development and Change*, John Wiley & Sons, 2006.

Kegan, Robert, y Lisa Laskow Lahey, *An Everyone Culture*, Harvard Business School Press, 2016.

Laloux, Frederic, *Reinventar las organizaciones*, Arpa, 2015.

McChristal, Stanley, *Team of Teams*, Penguin, 2015.

Pink, Daniel, *La sorprendente verdad sobre qué nos motiva*, Gestión 2000, 2010.

Rød, Anne, y Marita Fridjhon, *Creating Intelligent Teams*, KR Publishing, 2015.

Schein, Edgar H., *Organizational Culture and Leadership*, John Wiley & Sons, 1985.

Zenger, John H., y Joseph Folkman, *The Extraordinary Leader*, McGraw-Hill Education, 2002.

Páginas web interesantes para mantenerte actualizado

BCG Henderson Institute, <www.bcg.com>.
Center for Creative Leadership, <www.ccl.org>.
Envisioning, <www.envisioning.io>.
Gallup, <www.gallup.com>.
Harvard Business Review, <www.hbr.org>.
IDEO, <www.ideo.com>.
Imperial College London, <www.imperial.ac.uk>.
McKinsey Global Institute, <www.mckinsey.com>.
Singularity University, <www.su.org>.

Si prefieres el formato vídeo, explora

Diamandis, Peter, *Abundance is Our Future* (TED Talk).
Goyette, Kerry, *Stop Trying to Motivate Your Employees* (TED Talk).
Hamel, Gary, *Reinventing Management for the 21st Century* (Management Innovation Exchange).
Kofman, Fred, *Vida, libertad y conciencia* (New Media UFM).
Pink, Daniel, *La sorprendente ciencia de la motivación* (TED Talk).
Sinek, Simon, *Start with Why* (TED Talk).

Y si eres un apasionado del cine como yo, no te puedes perder

Carter, Thomas, *Juego de honor* (*Coach Carter*), 2005.
Coppola, Francis Ford, *El padrino* (*The Goodfather*), 1972.
Eastwood, Clint, *Invictus* (2009).
Hallström, Lasse, *Chocolat* (2000).
Hill, George Roy, *El golpe* (*The Sting*), 1973.
Hooper, Tom, *El discurso del rey* (*The King's Speech*), 2010.
Howard, Ron, *Apolo XIII* (1995).

Mangold, James, *Le Mans '66 (Ford vs. Ferrari)*, 2019.
Meyers, Nancy, *El becario (The Intern)*, 2015.
Miller, Bennett, *Money ball* (2011).
Lumet, Sidney, *12 hombres sin piedad (Angry Men)*, 1957.
Reitman, Jason, *Up in the Air* (2009).
Scorsese, Martin, *El lobo de Wall Street (The Wolf of Wall Street)*, 2013.
Weir, Peter, *Master and Commander* (2003).

Organizaciones inteligentes de Susana Gómez Foronda
se terminó de imprimir en junio de 2021
en los talleres de
Impresora Tauro, S.A. de C.V.
Av. Año de Juárez 343, col. Granjas San Antonio,
Ciudad de México

•